丸めて、ほぐして、おいしさ広がる
ひき肉のごちそう

若山曜子

KADOKAWA

はじめに

ひき肉の料理といえば、ハンバーグ。子どもも大好きな代表的な一品。
かくいう私も子どものころ、ハンバーグが大好きでした。ただし外で食べる洋食屋さんのハンバーグです。
母は和洋中の折衷を冷蔵庫の中身と相談して手早く作るのが上手く、いわゆる料理のセンスのある人ですが、なぜか母のハンバーグは子ども心においしいと思えなかった。
母も「なんで私のハンバーグってふんわりしないのかしら」といいつつ、改善する様子もなく。
「ハンバーグだけは外で食べたほうがいい」とつねづね思っていました。

そんなに好きなら、自分で作ればよかったのですが、世の中には作ってみたいおいしい料理が溢れていて、私が自分でハンバーグを作ったのは、結婚してから。
本を見ながら「こんなに練るんだ」とか「パン粉が入るんだ」とか。
思っていたより面倒でしたが、はじめからなかなかおいしいものができ上がりました（レシピをちゃんと読むって大切！）。

母にその話をすると「あら、私、パン粉なんて入れてないわ」と笑い、よく聞けば、母が作ったのは牛肉100％。いわゆるアメリカのハンバーガーのパテや、フランスのステーク・アシェに近いものでした。どうりでかたいはずです。

留学時代、フランスではステーク・アシェ用の牛ひき肉以外は手に入りづらく、肉を切るのって、なんて面倒なんだろうと痛感し、帰国してから、ひき肉の便利さに目覚めました。
パラパラとした状態でそのまま炒めれば旨味の素、ちょっと何かひと味足りないというときに、冷凍しておいたひき肉を少し足すだけでぐっと満足感のある一皿になる。火の通りも早い。
また、細かいので水分を吸収しやすく、味も含みやすい。塩を加えるタイミング、練るか練らないかでタンパク質の性質が変わり、食感も変化します。
ハンバーグひとつをとっても、切ると肉汁がじゅわっと出るのがいいのか、留まるのがいいのか、肉肉しいのがいいのか、ふんわりとしているのがいいのか。
調理法でまったく変わってくる、非常に面白く、料理しがいがある食材です。

幼少期の思い出からか、私にとってハンバーグはぷっくりと膨らみ、やわらかな口溶けとともにじゅわんと肉の旨味が口いっぱいに広がるものが、理想です。でもシチュエーションに合わせて、そのときどきの気分で食感を変える楽しさもあります。

母のあの肉肉しいハンバーグは、思えば贅沢。今食べたら、「あ、おいしい」と思えるかも。でもやっぱり、「あれは少し焼き過ぎだったなあ」と思う私です。

若山曜子

目次

はじめに —— 2

ひき肉の基礎知識 —— 6

若山さんちのおいしいひき肉活用術 —— 8

1章
味つけひき肉とそのアレンジ

サルシッチャ風豚ひき肉だね —— 12

サルシッチャのホットドッグ —— 13

ししとうとライムのペンネ —— 14

サルシッチャのミネストローネ —— 15

塩ひき肉のカルボナーラ —— 16

トマトのファルシとクスクス —— 18

柚子こしょうと梅と
　ナンプラーの鶏ひき肉だね —— 20

卵と豆腐のレンジ蒸し —— 21

エスニックレタス炒飯 —— 22

梅と柚子こしょう風味の鶏がゆ —— 23

れんこんと肉だねの揚げワンタン —— 24

ピーマンの肉詰め —— 26

切り干し大根の中華スープ —— 27

豚肉の味噌そぼろ —— 28

そぼろご飯 —— 29

きゅうりと大葉の肉そぼろ炒め —— 30

肉そぼろと春雨の炒め煮 —— 31

担々麺 —— 32

きのこと牛ひき肉のそぼろ —— 34

チーズトースト —— 35

オムライス —— 36

ミートパイ —— 37

アッシ・パルマンティエ —— 38

2章
ひき肉をほぐして作る料理

鶏ひき肉で
冬瓜そぼろあんかけ —— 42

豚ひき肉で
納豆、高菜、揚げいんげんのそぼろ炒め —— 43

鶏ひき肉で
ピーナッツ肉だれのあえ麺 —— 44

ザーサイのかきたまスープ —— 44

鶏ひき肉で
ふろふき大根とこんにゃくのそぼろ味噌 —— 46

豚ひき肉で
蒼蠅頭 —— 48
ツァンイントウ

鶏ひき肉で
鶏肉のガパオライス —— 49

合いびき肉で
本格麻婆豆腐 —— 50

豚ひき肉で
グリーンカレーそぼろご飯 —— 52

牛ひき肉で
3色ビビンパ —— 54

にんじんのナムル —— 55

豆もやしのナムル —— 55

豚ひき肉で
ヤムウンセン —— 56

合いびき肉で
なすとししとうの本格キーマカレー —— 58

牛ひき肉で
チリコンカン —— 60

トルティーヤ —— 60

ワカモレ —— 61

トマトのマリネ —— 61

4

3章
ひき肉を丸めて作る料理

鶏ひき肉で
焼きつくね —— 66
豆腐入りつくねだね —— 67
つくね鍋 —— 68

豚ひき肉で
ふんわり素揚げ肉だんご —— 70
素揚げ肉だんご —— 71
バルサミコ風味の酢豚 —— 72
獅子頭鍋 —— 74
鶏スープ —— 75

豚ひき肉と鶏ひき肉で
ロールキャベツの
　シンプル煮込み —— 76
ロールキャベツ —— 77
ロールキャベツの
　ブルーチーズクリーム煮込み —— 78
ロールキャベツの
　シンプル煮込みで作る場合 —— 79

牛ひき肉と豚ひき肉で
和風ハンバーグと野菜グリル —— 80
生ハンバーグ —— 82
ポン酢しょうゆ —— 83
煮込みハンバーグ —— 84

牛ひき肉で
ケフタ —— 86

牛ひき肉で
煲仔飯 —— 88

合いびき肉で
ミートローフと野菜蒸し、
　サルサベルデソース —— 90

合いびき肉で
ズッキーニのミートローフケーキ —— 92
サーモンとかぶのマリネサラダ —— 93
ほうれん草のポタージュ —— 93

4章
自家製ひき肉で作るごちそう

牛肉の焼きタルタルステーキ —— 98
クレソンのサラダ —— 99
豚肉と豚ひき肉の餃子 —— 100
白菜の漬けもの —— 101
豚肉と豚ひき肉の焼売 —— 102

ラグーソースのパスタ —— 104
ラグーソースのラザニア —— 106
ラグーソース —— 108

パテ・ド・カンパーニュ —— 110

ラム肉のトルコ風ソーセージ —— 114

ルーローハン —— 116
あさりのスープ —— 117
大根の漬けもの —— 117
半熟卵の作り方 —— 118

［この本のルール］
・小さじ1は5㎖、大さじ1は15㎖、ひとつまみは親指、人さし指、
　中指の3本の指先でつまんだ量です。米1合は180㎖です。
・野菜や果物は、特に表記していない場合は、皮をむいたり、ヘタ、種、
　ワタを除いたり、筋を取ったりしています。
・卵はMサイズ（正味約50g）を使用しています。
・塩は天然の塩（ゲランドの塩）を使用しています。
・バターは有塩のものを使用しています。
・加熱調理の火加減は、ガスコンロ使用を基準にしています。IH調理
　器の場合は、調理器具の表示を参考にしてください。
・電子レンジは600Wのものを基準にしています。500Wなら1.2倍、
　700Wなら0.9倍の時間で加熱してください。
・オーブンの焼成温度と焼き時間、予熱時間は電気オーブンを使用
　した場合のものです。熱源や機種により多少異なるため、ご家庭の
　オーブンに合わせて調節してください。
・保存容器は、よく洗って完全に乾かし、清潔にしてから使ってくだ
　さい。

ブックデザイン／渡部浩美
撮影／邑口京一郎
スタイリング／城 素穂
料理アシスタント／尾崎史江、藤本早苗
校正／根津桂子、新居智子
DTP／茂呂田剛（エムアンドケイ）
編集／守屋かおる、中野さなえ（KADOKAWA）
撮影協力／UTUWA

ひき肉の基礎知識

手ごろな値段で気軽に使える点ばかり注目されがちなひき肉ですが、
ちゃんとそのよさを知ったら、もっとおいしく食べられて、料理のレパートリーも広がります。

ひき肉のいいところ

- 切らずに使える
- 火が通りやすいから調理時間が短くなる
- ほぐしてパラパラの状態でも使えるし、まとめてかたまりにもできる
- スープのだしがとれて具材にもなる
- 少量使うだけでも肉の旨味がある

ひき肉の種類と選び方

ひき肉は細かくひいてある分、酸化しやすいため、選ぶときは鮮度に気をつけましょう。
色が悪くなっていたり部分的な変色がないこと、肉汁が溶け出していないものを選ぶこと、
色が全体に白っぽいものは脂が多いので注意すること、というのが、どのひき肉にも共通するポイントです。

豚ひき肉

どこのスーパーでも手に入るのが豚ひき肉。店舗によっては、二度びきや粗びきなどがあるので、料理に合うものや好みの食感のものを選んで。

鶏ひき肉

店舗によっては、むね肉、もも肉の部位で分かれている場合も。この本ではもも肉を使用。むね肉は脂が少なく、火を通し過ぎるとパサつきやすい。

牛ひき肉

いろいろな部位を使っているため、ものによって含まれる脂の量が異なる。脂をとりたくない場合は赤身を選ぶか、精肉コーナーや精肉店でひいてもらうのがおすすめ。

合いびき肉

牛肉と豚肉を6：4の割合で混ぜたものを中心に、店舗によって7：3から9：1など割合はさまざま。料理によって使い分けても。

ひき肉と上手につき合うコツ

使いやすいけれど、傷みやすいというウィークポイントもあるひき肉。
ちょっと気をつけるだけでぐんとおいしく食べられます。

しっかり火を通す

ひき肉は火が通りやすいのがよいところですが、丸めて使う場合は肉の種類に関係なく中心部までしっかり火を通しましょう。焼き上がりは、肉の弾力や肉汁の色、肉の中心部もしっかり温かくなっているか確認すると安心です。

当日使わないひき肉は
よい状態で保存する

ひき肉は劣化しやすいので、当日使わない分は冷凍するか、1章のように下味をつけたり（p.12～27）、火を通したりして（p.28～39）、保存しましょう。冷凍の場合は、p.13のようにポリ袋に入れたり、ラップで包んだりして、空気にふれないように平らにのばすのがポイント。

こねるときは
手やボウルを冷やす

こねるときは、ひき肉から水分や脂、旨味が出てしまわないように、冷やしたボウルを使ったり、手を保冷剤で冷やすのも有効です。食中毒防止にもなり、手も汚れないので、ビニールやゴムの清潔な手袋があればつけるのもよいでしょう。

肉の脂は
上手に活用するか吸い取る

ひき肉を炒めると水分と脂分が出てきます。旨味でもあるので、きのこや野菜を加え、吸わせながら調理するのもおすすめ（左写真）。大量の脂が出ることもあるので、不要ならペーパータオルで吸い取りましょう（右写真）。

若山さんちのおいしいひき肉活用術

若山さんが実践しているひき肉をおいしくする活用術を紹介します。
もっとおいしく、もっと簡単にと、暮らしの中で積み重ねた小さな工夫は、
すぐに真似したくなるものばかりです。

おうちのハーブでおいしく保存

ローズマリーやタイム、ミントなど料理に使うと便利なハーブを自宅で育てています。特にローズマリーは殺菌効果も高く、ひき肉の保存にぴったり。自家製ハーブは香りが強く、使いたいときにさっと切って、いつでもフレッシュな状態で使えるのが気に入っています。

おいしい塩にこだわる

肉の保存や調味に欠かせない塩は、味を左右する基本の調味料。だからこそ、食べておいしい、フランスの「ゲランドの塩」を使っています。海水から作られる天日塩だから、ミネラル分が多く、まろやかです。

いろいろな調味料で塩けをつける

ひき肉に塩けをつけるのにいろいろな調味料を使うと飽きずに食べられ、さらに数種を合わせることで味に深みが増します。特にナンプラーや味噌などの発酵調味料や、柚子こしょう、梅干しなどの香りを楽しめる塩味を加えるのがお気に入り。梅干しは塩分によって味が変わるので確認してみてください。この本では塩分15％のものを使用しています。

冷凍肉は
コールドスタートで

簡単でおいしくできるので、冷凍しておいたひき肉をほぐしてパラパラに炒めるときはコールドスタートにしています。火をつける前のフライパンに凍った肉を入れてごく弱火にかけ、ふたをして蒸し焼きに。冷凍するときに薄く平らにしておくと火の通りが早くなります。また、肉に火が通る前に調味料も一緒に入れておけば、じっくり味が入ります。

香味野菜やスパイスを
臭み消しに

ひき肉は旨味も出やすい分、肉の臭みが気になることも。しょうがやにんにくなどの香味野菜やこしょう、ナツメグなどのスパイスを料理に合わせて選び、臭みを消すようにしています。ナツメグやこしょうはひきたてが香りがいいのでおすすめですが、パウダーでも大丈夫です。

自家製ひき肉で
さらにおいしく

自分でたたいて作る自家製ひき肉を使うと、さらに料理がおいしくなります。かたまり肉からたたくのは大変そうなイメージがありますが、フードプロセッサーを使えばすぐにひき肉になりますし、薄切り肉を包丁でたたいてひき肉にするならそれほど手間ではありません。さらに、好みの配合や部位で作れるのも自家製ひき肉のメリット。赤身肉を多めに使ったり、粗びきにしたり、煮込み料理に牛すね肉や牛すじ肉をたたいてから煮ると時短になって旨味が出やすいなど、料理に合わせ、ひき肉をカスタマイズして楽しめるのもメリットです。

1章

味つけひき肉と
そのアレンジ

傷みやすいひき肉は、そのまま冷凍保存をしがちですが、
下味をつけて保存することで、ぐんとおいしく、
料理のバリエーションも広がります。
生のひき肉に味をつけた肉だねや、
パラパラに炒めて味をつけた肉そぼろなど、
使い勝手のよい4つの保存レシピを基本に、アレンジ料理を紹介します。
肉だね、肉そぼろを作りやすい分量で作ったら、
それぞれ4〜6種のアレンジ料理が作れます。

サルシッチャ風豚ひき肉だね

この肉だねを作ったきっかけは、フランスのスーパーで売っている、ひき肉とハーブと塩を揉み込んだファルス（詰めもの）です。サルシッチャ（イタリアンソーセージ）の中身というとイメージしやすいかもしれません。塩分は肉の1.5％と、少し塩けが強いのですが、日持ちするのがポイント。ハーブは殺菌効果の高いローズマリーのほか、イタリアンパセリ、セージ、ディル、パクチーなどお好みのものを入れてもOK。シンプルな味つけなので使い勝手がよく、半日寝かせることで旨味も増し、プルンと弾力のある食感になります。

おすすめの使い方	・ラップに包んで、ゆでてソーセージ風に ・炒めてベーコン、パンチェッタ（塩漬け肉）代わりに使う ・炒飯やパスタに使う ・ズッキーニやなすの上にのせてオーブントースターで焼く

材料（約300g）
豚ひき肉 —— 300g
塩 —— 4.5g（小さじ1弱）
おろしにんにく —— 小さじ1/2
こしょう —— ひとつまみ
ローズマリー —— 1本
タイム —— 2本

作り方
ポリ袋に材料をすべて入れ、袋の上からしっかり揉み込んで冷蔵室に半日おく。ローズマリーとタイムは使うときに除く。

保存方法と保存期間、使用法
・冷蔵保存するときは、袋の空気を抜いて口をしばり、約3日間保存可能。
・冷凍保存するときは、袋の上からめん棒などで平らに広げ、割って使えるように中央で区切る。約2週間保存可能。使うときは、冷蔵室に移して半日を目安に自然解凍する。ほぐして使う場合に限り、急ぐときは凍ったまま調理してもよい。

簡単アレンジ　サルシッチャのホットドッグ

肉だねを細長く成形して焼いた皮なしサルシッチャのホットドッグ。肉だねはラップごとごく弱火でゆでてもおいしい。

材料（2個分）
サルシッチャ風豚ひき肉だね（上記参照） —— 100g
キャベツのせん切り —— 150g
A ┃ 酢 —— 大さじ1
　 ┃ きび砂糖 —— 大さじ1/2
　 ┃ 塩 —— 小さじ1/3
ホットドッグパン —— 2個
マスタード —— 適量

1 ラップを長めに切って肉だねを包み、パンの2倍の長さを目安に転がして細長くする。ラップの両端をねじり、さらに中央をねじって空気を抜いて2本分にする（a）。

2 ラップをはずしてフライパンに入れ、中火で転がしながら火が通るまで5分ほど焼く。ボウルにAを入れて混ぜ、キャベツのせん切りを入れてあえる。

3 パンの厚みに切り目を入れてトースターで焼き、切れ目にマスタードを塗って2をはさむ。

a

ししとうとライムのペンネ

塩とにんにくのシンプルな味つけの肉だねだから、
ナンプラーでアジアっぽい1品にしてもおいしく食べられます。柑橘の風味でさわやかに。

材料（2人分）
サルシッチャ風豚ひき肉だね（p.12参照）
　　── 70g
ペンネ ── 160g
ししとうの小口切り ── 1パック分（50g）
あれば青唐辛子の輪切り ── 1本分
オリーブオイル ── 大さじ3
にんにくのみじん切り ── 1片分
塩 ── 少々
ナンプラー ── 小さじ1
ライムの果汁と皮のすりおろし ── 1/4個分
　（またはすだちの果汁と皮のすりおろし1個分）

1 フライパンにオリーブオイル、にんにくを入れて弱火にかけ、香りが立ったら肉だねを広げて入れる。焼き色がついたら裏返し、木べらで粗くほぐしながら炒める。肉に火が通ったら、ししとうと青唐辛子を加えてさっと炒める。

2 鍋に湯を沸かして塩とペンネを入れ、袋の表示時間より1分ほど短くゆでてざるにあけ、湯をきる。1に加え、ナンプラーとライムの果汁で調味して、ライムの皮をふる。器に盛り、好みでライムを添える。

サルシッチャのミネストローネ

玉ねぎ、にんじん、セロリをじっくり炒めてスープのベースの味を引き出しました。
肉だねの塩味と旨味のおかげで味が決まります。

材料（2〜3人分）
サルシッチャ風豚ひき肉だね（p.12参照）
　—— 50g
玉ねぎ —— 1/2個
にんじん —— 1/3本
セロリ —— 1/2本
じゃがいも —— 小1個（50g）
トマト —— 小1個（100g）
ひよこ豆の水煮 —— 50g
にんにくのみじん切り —— 1/2片分
オリーブオイル —— 大さじ2
塩 —— 適量
あればタイム —— 2本（またはローリエ1枚）
粗びき黒こしょう —— 少々
パルミジャーノチーズのすりおろし —— 適量

1　玉ねぎ、にんじん、セロリ、じゃがいもは1cmの角切りにする。トマトは食べやすい大きさの角切りにする。

2　鍋にオリーブオイルとにんにく、玉ねぎ、にんじん、セロリ、塩少々を入れて中火にかけ、木べらで混ぜながら5分炒める。野菜を鍋の端に寄せ、あいたところに肉だねを入れ、片面を焼いたら裏返し、2〜3分表面を焼きつけてから粗くくずす（a）。

3　トマト、ひよこ豆、じゃがいも、タイム、水600mlを加えて、煮立ったらアクを除き、ふたをして15〜20分煮る。塩、こしょうで味をととのえて器に盛り、パルミジャーノチーズをふる。

塩ひき肉のカルボナーラ

しっかり味の入った肉だねは、パンチェッタのような使い方もおすすめ。
肉だねを焼くときは、存在感が残るように、ほぐし過ぎないのがコツです。

材料（2人分）
サルシッチャ風豚ひき肉だね（p.12参照）―― 80g
スパゲッティ（1.6〜1.8mm）―― 160g
A ┃ 卵 ―― 1個
　 ┃ 卵黄 ―― 2個分
　 ┃ パルミジャーノチーズのすりおろし ―― 20g
オリーブオイル ―― 大さじ1
にんにくの薄切り ―― 1片分
塩 ―― 適量
粗びき黒こしょう ―― 少々

1 フライパンにオリーブオイル、にんにくの薄切りを入れて弱火にかけ、香りが立ったら肉だねを加える（肉だねのローズマリーは、好みで茎を除き、葉だけを加えてもよい）。中火にし、焼き色がついたら裏返し、木べらで粗くほぐしながら肉に火が通るまで炒める。

2 ボウルにAの卵を割り入れ、残りのAの材料を加えてよく混ぜる。

3 鍋に湯を沸かし、塩とスパゲッティを入れて袋の表示時間より1分短くゆでる。ゆで汁大さじ2を取りおいてざるにあけ、湯をきる。ゆで汁とスパゲッティを1のフライパンに加えて中火にかけ、ざっと混ぜてなじませ、火からおろす。2を加え（a）、余熱でとろみをつけてスパゲッティにからめる。器に盛り、こしょうをふる。

トマトのファルシとクスクス

「トマトのファルシ」は南フランスの定番家庭料理で、トマトに味つけひき肉などを詰めたものです。フランスのスーパーではハーブの入った味つけひき肉がソーセージなどの横で売られています。クスクスは一緒に焼くことでトマトと肉の旨味を吸って、よりおいしくなりますが、なくてもOK。パンを添えてもおいしく食べられます。

材料（4個分）
サルシッチャ風豚ひき肉だね（p.12参照）── 200g
トマト ── 4個
パン粉 ── 大さじ2
クスクス ── 150g
パセリ（またはパクチー）のみじん切り ── 大さじ2
ピザ用チーズ ── 小さじ4
塩 ── 適量
オリーブオイル ── 適量

クスクス
世界最小のパスタで、湯をかけて戻せば使える便利な食材。サラダに加えたり、煮込み料理に添えたり、スープに入れたりと、食べ方はいろいろ。

1 トマトはヘタの下1cmの位置で横に切る。ふちを5mmほど残して内側にナイフを入れ、中身をくり抜く。内側に塩少々をふってひっくり返し、水けをきっておく。トマトの中身はみじん切りにする。ヘタ側はふたにするため取りおく。

2 ボウルに肉だねとトマトの中身60g（a）、パン粉を入れてよく練る。オーブンを200℃に予熱する。

3 耐熱ボウルにクスクスを入れて熱湯200mlをかけ、ラップをふんわりかけて2〜3分蒸らし、残りのトマトの中身とパセリ、塩小さじ1/3、オリーブオイル大さじ1を加えて混ぜる。グラタン皿などの耐熱容器に入れて広げる。

4 トマト1個の底にピザ用チーズ小さじ1を入れ、2の1/4量を空気を抜くように押しながら詰める（b）。3のクスクスの上にのせ、トマトのヘタ部分をふたにしてのせる。同様に全部で4個作って並べ（c）、オリーブオイル大さじ1を回しかけ、200℃のオーブンで20分焼く。

柚子こしょうと梅とナンプラーの鶏ひき肉だね

柚子こしょうと梅とナンプラーの組み合わせが好きで、よく作っている肉だねです。梅干しは殺菌効果も高く、食中毒のリスクを下げることも知られているので、保存に適した食材です。また、鶏ひき肉のように味が淡白なものは、風味や旨味の異なる調味料をいくつか組み合わせるのもポイント。調味料の味が肉に入って肉だねそのものが味の素になり、これだけで味つけが決まるので、調理がぐんとラクになります。ナンプラーが入ることで、和食だけでなく、エスニック料理にもアレンジできます。

| おすすめの使い方 | ・丸めて白菜やかぶと一緒に煮込んでスープに
・えびをたたいて肉だねに混ぜ、えびしんじょうに
・肉そぼろにしておにぎりの具やお弁当に |

材料（約300g）
鶏ひき肉 —— 300g
ナンプラー —— 小さじ1
酒 —— 小さじ1
柚子こしょう —— 小さじ2/3
梅干し（種を除いてたたいたもの）
　—— 大さじ2/3
片栗粉 —— 小さじ1と1/2

作り方
ポリ袋に材料をすべて入れ、袋の上からよく揉んで、肉を練るように混ぜる。混ぜたらすぐに使える。

保存方法と保存期間、使用法
・冷蔵保存するときは、袋の空気を抜いて口をしばり、約3日間保存可能。
・冷凍保存するときは、袋の上からめん棒などで平らに広げ、割って使えるように4等分に区切る。約2週間保存可能。使うときは、冷蔵室に移して半日を目安に自然解凍する。ほぐして使う場合に限り、急ぐときは凍ったまま調理してもよい。

簡単アレンジ

卵と豆腐のレンジ蒸し

卵と豆腐を混ぜて電子レンジで蒸したなめらかな口当たりは、まるで茶わん蒸し。肉だねはなるべく薄くのばすと火が通りやすい。

材料（直径16×高さ4cmの平らな耐熱容器1個分）
柚子こしょうと梅とナンプラーの鶏ひき肉だね（上記参照）
　—— 50g
絹ごし豆腐 —— 1/2丁（150g）
卵 —— 1個
細ねぎの小口切り —— 2〜3本分

1 ボウルに豆腐を入れ、フォークまたは泡立て器で潰し、卵を割り入れてよく混ぜ、耐熱容器に入れる。手のひらにラップを広げ、肉だねを直径10cmほどの円形にして豆腐の上にのせてラップをはずす。ボウルにふんわりとラップをかけて600Wの電子レンジで3〜4分加熱する。

2 細ねぎをのせ、好みで塩とごま油をかける。

エスニック
レタス炒飯

肉だねのナンプラーの風味と
タイ米のパラパラ感、
レタスのシャキシャキ感が合う
エスニック炒飯。
タイ米は浸水の必要がなく、
フライパンで炊けるので
覚えておくと便利。

材料（2人分）
柚子こしょうと梅とナンプラーの鶏ひき肉だね（p.20参照）—— 100g
長ねぎの小口切り —— 2本分
タイ米 —— 1合
　（または温かいご飯330g）
米油 —— 大さじ1
ナンプラー —— 小さじ1～2
レタスのざく切り —— 4～5枚分

1 タイ米を炊く。米をといで直径20cmほどのフライパンに入れ、水250mlを加え（a）、強火にかける。沸騰したらふたをして弱めの中火にし、10分炊いて火を止める。ざっと混ぜ、ふたをして2～3分蒸らす。

2 別のフライパンに米油とねぎを入れて中火にかけ、香りが立ったら肉だねを加え、木べらでほぐし、1 を加えて炒める。肉に火が通ったらナンプラーで調味し、レタスを加えてさっと混ぜる。

梅と柚子こしょう風味の鶏がゆ

炊いたご飯で作る
手軽な中華がゆです。
肉だねから出る鶏のだしは絶品で、
肉に味がついているから、
具としてもおいしく食べられます。

材料（2人分）
柚子こしょうと
　梅とナンプラーの鶏ひき肉だね（p.20参照）── 100g
温かいご飯 ── 100g
ごま油 ── 小さじ1
塩 ── 適量
あればパクチーのざく切り ── 適量

1 鍋にご飯と水400㎖、ごま油を入れて中火にかける。煮立ったらざっと混ぜて弱火にし、ふたをして10分ほど煮る。

2 肉だねのポリ袋の角を切り、一口大ずつを目安に1の鍋に絞り出す（a、またはスプーンで一口大に丸めて落とす）。中火にし、肉に火が通るまで4〜5分煮て、塩で味をととのえる。

3 器に盛り、パクチーをのせ、好みでラー油を回しかける。

23

れんこんと肉だねの揚げワンタン

相性のよいれんこんと肉だねを、揚げワンタンにしました。
サクサクパリパリといろいろな食感が楽しめる組み合わせです。
おかずにもおつまみにもなる一品です。

材料（2人分）
柚子こしょうと
　梅とナンプラーの鶏ひき肉だね（p.20参照）
　── 200g
れんこん
　（直径3cmくらいのもの）── 3〜4cm
ワンタンの皮 ── 16枚
揚げ油 ── 適量

1 れんこんは4〜5mm厚さの輪切りにし、全部で8枚作る。水に5分ほどさらし、ざるにあけて水けをきる。

2 ワンタンの皮1枚に肉だねの1/8量をのせ、れんこん1枚をのせて押し（a）、その上にもワンタンの皮1枚をのせてはさむ（b）。同様に全部で8枚作る。

3 フライパンに揚げ油を1cm程度入れ、中温（170℃）に熱する。2を入れて、時々返しながらきつね色になるまで揚げ焼きにし、油をきる。

ピーマンの肉詰め

オーブンなら裏返して焼く必要がないため、
ピーマンから肉がはがれることもなく、
仕上がりもジューシーに。
多めに作れば、お弁当にも便利な
作りおきおかずにも。
オーブンなら一度にたくさん作れるから
手間もかかりません。

材料（2人分）
柚子こしょうと
　梅とナンプラーの鶏ひき肉だね（p.20参照）—— 200g
絹ごし豆腐 —— 1/4丁（70g）
ピーマン —— 4個

1　豆腐はペーパータオルで水分を拭き、ボウルに肉だねと一緒に入れて、手でよく練り混ぜる。オーブンを180℃に予熱する。

2　ピーマンを縦半分に切って、1の肉だねを1/8量ずつ詰めて耐熱皿に並べる。180℃のオーブンで20分ほど焼く。

切り干し大根の中華スープ

切り干し大根の旨味と栄養がたっぷりの戻し汁は、そのままスープに使います。肉のだしと干し野菜のだしで味に深みのあるスープに。

材料（2人分）
柚子こしょうと梅とナンプラーの鶏ひき肉だね（p.20参照）——80g
切り干し大根 —— 10g
酒 —— 小さじ1
塩 —— 適量
ごま油 —— 小さじ1

1 ボウルに切り干し大根を入れ、ひたるくらいの水を注ぎ、5分おいて戻す。水けを絞り、食べやすい長さに切る。戻し汁は取りおく。

2 戻し汁に水を足して500mlにし、1の切り干し大根、酒とともに鍋に入れ、中火にかける。煮立ったら肉だねを4等分して丸めて加える。ひと煮立ちさせてアクを除き、肉に火が通るまで3〜4分煮て、塩で味をととのえる。火を止めてごま油を加える。

豚肉の味噌そぼろ

あると便利、と誰もがその実力を認める、ひき肉ストックの代表は肉そぼろではないでしょうか。火を通してあるから日持ちもよく、そのまま食べられるのはもちろん、炒めものなどに使えば時短にもなり、その使い勝手のよさはほかにはない魅力です。おいしく作るコツは、豚ひき肉の脂が出るまでしっかり炒めてから、保存に適したちょっと濃いめの味つけをすること。ご飯や麺と食べるのにちょうどよい、味噌に豆板醤をピリッと効かせた味わいは、おかずの素として、和食にも中華にもアレンジできます。

おすすめの使い方	・冷やしトマトやレタスなどにかける ・キャベツなどと炒める ・大根やじゃがいもと少なめの水で煮る

材料（約250g）

- 豚ひき肉 —— 300g
- おろししょうが —— 小さじ2
- 豆板醤 —— 小さじ1〜1と1/2
- ［合わせ調味料］
  - 酒 —— 大さじ1と1/2
  - 味噌 —— 小さじ2
  - しょうゆ —— 小さじ2
  - みりん —— 大さじ1/2

1 フライパンに豚ひき肉を入れて中火にかける。肉に焼き色がついてきたら端に寄せ、しょうがと豆板醤を加えて肉から出た脂で炒める。

2 香りが立ったら肉の上下を返しながら炒め合わせ、合わせ調味料を加えて全体を混ぜ、汁けがなくなり、パラパラになるまで炒める。

保存方法と保存期間、使用法

- 冷蔵保存するときは、保存容器に入れ、約10日間保存可能。
- 冷凍保存するときは、4等分くらいにしてラップでくるみ、冷凍用保存袋に入れる。約3週間保存可能。
- 使うときは、冷蔵なら脂が溶けて温まるまで軽く電子レンジで温める。調理する場合は冷えた状態で使う。冷凍なら冷蔵室に移して半日を目安に自然解凍する。急ぐときは凍ったまま調理してもよい。

簡単アレンジ そぼろご飯

最初に食べたい王道のそぼろご飯。
白髪ねぎと温泉卵でそぼろの味がマイルドになり、味のアクセントにもなります。

材料（2人分）

- 豚肉の味噌そぼろ（上記参照） —— 140g
- 温かいご飯 —— 300g
- 温泉卵（市販品） —— 2個
- 白髪ねぎ —— 1/4本分
- ごま油 —— 小さじ1/2

1 白髪ねぎをごま油であえる。

2 器にご飯を盛り、1をのせて肉そぼろをかけ、中央を少しくぼませて温泉卵をのせる。

きゅうりと大葉の肉そぼろ炒め

肉そぼろのコクのある味つけを生かして、きゅうりと大葉でさっぱりと仕上げます。肉そぼろの旨味で炒めるので調味は塩だけで味が決まります。

材料（2人分）
豚肉の味噌そぼろ（p.28参照）——100g
きゅうり——2本
大葉——5枚
にんにくのみじん切り——1片分
ごま油——大さじ1/2
塩——小さじ1/4

1 きゅうりはところどころ皮をむき、乱切りにする。大葉は手でちぎる。

2 フライパンにごま油とにんにくを入れて中火にかけ、香りが立ったらきゅうりと塩を加えて、きゅうりが温まるまでさっと炒める。肉そぼろを加えて炒め合わせ、大葉を加えて火を止め、ざっと混ぜる。

肉そぼろと春雨の炒め煮

肉そぼろにしっかり味が入っているから、
材料を全部フライパンに入れて
炒め煮にするだけ。
春雨を戻す手間も、調味もいりません。

材料（2人分）
豚肉の味噌そぼろ（p.28参照）——90g
緑豆春雨 —— 40g
しいたけ —— 2枚

1 しいたけは軸を除いて薄切りにする。

2 フライパンに春雨、しいたけ、肉そぼろを順に重ねて入れ（a）、水150mlを注いでふたをし、中火にかける。ひと煮立ちしたらアクを除いて弱火にし、春雨が汁を吸って全体がなじむまで5分ほど炒め煮にする。

担々麺

とろりと濃厚で本格的な味の担々麺です。
スープに入れるナッツは、
あればカシューナッツがおすすめ。
ナッツを入れるとひと味違うコクが出ますが、
なければすりごまを増やしてもOK。
麺を1玉減らして、
もやしをたっぷり入れるのも好きです。
調味料が沈殿しやすいので、
よく混ぜて食べてください。

材料（2人分）
豚肉の味噌そぼろ（p.28参照）—— 70〜80g
中華生麺 —— 2玉
もやし —— 80〜100g
白髪ねぎ —— 1/4本分
パクチーのざく切り —— 少々
A│白すりごま（または白練りごま）—— 25g
　│ミックスナッツ —— 25g
　│おろしにんにく —— 小さじ1/2
　│オイスターソース —— 大さじ1と1/3
　│しょうゆ —— 大さじ1と1/2
　│黒酢 —— 小さじ2と1/2
　│湯 —— 100㎖
豆乳（成分無調整）—— 200㎖
ラー油 —— 少々
花椒 —— 少々

下準備
・花椒はフライパンで炒って、香りが立ったらすり鉢などで軽く潰す（a）。

1 Aを容器に入れてハンドブレンダーで（またはミキサーに入れて）、ナッツの形がなくなるまで攪拌する（b）。鍋に移し、湯400㎖を加えて中火にかけ、ひと煮立ちさせる。

2 別の鍋に湯を沸かして麺をゆで、表示時間より20〜30秒早めにざるにあけ、湯をきって器に盛る。

3 1に豆乳ともやしを加えて、温まったら器に汁を注ぎ、もやし、肉そぼろ、白髪ねぎ、パクチーを順にのせる。ラー油を回しかけ、花椒をちらす。

花椒（ホアジャオ）
日本の山椒に比べ、ビリビリとした強めのしびれが特徴の中国山椒。粒状のものをすり鉢などで潰して使う。

きのこと牛ひき肉のそぼろ

ミートパイをヒントに、中身だけをシンプルな味つけで作っておいても便利に使えそう、と生まれたレシピです。牛ひき肉または牛肉多めの合いびき肉と、マッシュルームを合わせて。きのこが肉の脂を吸ってどちらもおいしくなる相性のよい組み合わせです。きのこはマッシュルームを使うと洋風に、しいたけやエリンギなどを組み合わせると和風や中華にも使える肉そぼろになります。味つけは塩をベースにウスターソースの香りとコクをプラスしました。

おすすめの使い方
- オムレツやグラタンの具に
- 温かいご飯にパセリと混ぜてピラフ風に
- ゆでたじゃがいもにのせて副菜に

材料（約300g）

牛ひき肉（または牛肉多めの合いびき肉）
　　—— 300g
マッシュルームのみじん切り —— 150g
にんにくのみじん切り —— 1片分
塩 —— 小さじ1
こしょう —— 少々
ウスターソース —— 小さじ1と1/2

1 フライパンに牛ひき肉を入れて中火にかけ、肉に焼き色がついてきたら端に寄せ、にんにくを加えて肉から出た脂で炒める。

2 香りが立ったら肉の上下を返しながら炒め合わせ、マッシュルーム、塩、こしょうを加えてパラパラになるまで炒める。全体がなじんだら、ウスターソースを加えて混ぜ合わせる。

保存方法と保存期間、使用法

・冷蔵保存するときは、保存容器に入れ約1週間保存可能。
・冷凍保存するときは、4等分くらいにしてラップでくるみ、冷凍用保存袋に入れる。約2週間保存可能。
・使うときは、冷蔵なら脂が溶けて温まるまで軽く電子レンジで温める。調理する場合は冷えた状態で使う。冷凍なら冷蔵室に移して半日を目安に自然解凍する。急ぐときは凍ったまま調理してもよい。

簡単アレンジ　チーズトースト

ハムやサラミともひと味違う、肉そぼろの旨味でリッチな味わいのチーズトーストです。フレッシュなトマトがよいアクセントに。

材料（1人分）

きのこと牛ひき肉のそぼろ（上記参照）—— 大さじ2
食パン（6枚切り）—— 1枚
トマトの輪切り —— 2枚（30g）
ピザ用チーズ —— 30g

作り方

食パンに肉そぼろをちらし、トマト、チーズを順にのせる。トースターでチーズが溶けるまで2〜3分焼く。

オムライス

マッシュルーム入りのひき肉のそぼろだから、ほかの具材はなくてもOK。
混ぜるだけでケチャップライスが完成する、時短でできる本格派のオムライスです。

材料（1人分）
きのこと牛ひき肉のそぼろ（p.34参照）
　　── 50g
温かいご飯 ── 150g
トマトケチャップ ── 大さじ1と1/2
卵 ── 1個
牛乳 ── 小さじ2
塩 ── 少々
バター ── 小さじ1

1　ボウルにご飯、肉そぼろ、トマトケチャップを入れてゴムべらやしゃもじで切るように混ぜる（a）。

2　別のボウルに卵を割り入れて溶きほぐし、牛乳、塩を加えてよく混ぜる。

3　フライパンにバターを中火で溶かし、2を流し入れ、薄焼き卵を作る。中央に1をのせて包み、皿をかぶせてひっくり返す。好みでトマトケチャップをかける。

ミートパイ

肉そぼろとパイシートがあれば、食べたいときにすぐに作れます。
ゆで卵の代わりにゆでたじゃがいもを入れるのもボリュームが増しておすすめです。

材料（4個分）
きのこと牛ひき肉のそぼろ（p.34参照）
　── 100g
冷凍パイシート（18×18cm）── 1枚
ゆで卵のみじん切り ── 1個分
イタリアンパセリのみじん切り ── 2本分
塩 ── 少々
こしょう ── 少々
卵黄 ── 1個分

下準備
・パイシートは室温に5分ほどおいて解凍する。
・天板にオーブンペーパーを敷く。

1 ボウルに肉そぼろとゆで卵、パセリを入れて混ぜ、塩、こしょうで調味する。オーブンを200℃に予熱する。

2 パイシートを十字に4等分に切り、めん棒でひと回り大きくのばす。

3 パイシート1切れの中央に1の1/4量をのせ、斜め半分に折って三角にする（a）。重ねた端をフォークで押して留め、同様に全部で4個作る。

4 天板にのせ、表面に卵黄（または牛乳）を刷毛で塗る。200℃のオーブンで15分焼き、170℃に下げてさらに10分焼く。

37

アッシ・パルマンティエ

ひき肉や刻んだ具材を炒め、マッシュポテトを重ねて焼いたフランスのポテトグラタン。
手間のかかる料理こそ、肉そぼろをアレンジすると時短でできて味も決まります。

材料（2人分）

きのこと牛ひき肉のそぼろ（p.34参照）——— 100g
赤ワイン ——— 大さじ2
トマトの水煮（粗ごしタイプ）——— 200g
トマトケチャップ ——— 小さじ1
［マッシュポテト］
　じゃがいも ——— 2個（300g）
　バター ——— 10g
　牛乳 ——— 100㎖
　A［生クリーム ——— 50㎖
　　 塩 ——— 小さじ1/3
　　 ナツメグ ——— 少々

パルミジャーノチーズのすりおろし ——— 少々
パン粉 ——— 大さじ2
バター ——— 小さじ1

1　フライパンに肉そぼろを入れて中火にかけ、温まったら赤ワインを加えてさっと煮立てる。トマトの水煮とトマトケチャップを加え（a）、トマトの水分がほぼなくなるまで混ぜながら炒め煮にする。

2　マッシュポテトを作る。じゃがいもは皮つきのまま洗い、水けがついたまま1個ずつラップで包み、竹串がスーッと通るまで600Ｗの電子レンジで7分加熱する。熱いうちに皮をむき、ボウルに入れてフォークなどで粗く潰し、バター、牛乳を加えてさらに潰す。じゃがいものかたまりがなくなったらAを加えてなめらかになるまでよく混ぜる。オーブンを200℃に予熱する。

3　グラタン皿に1を広げ（b）、2を上にのせ（c）、へらなどで平らにする。パルミジャーノチーズとパン粉をふり、バターをちぎってちらし、好みでこしょうをふる。200℃のオーブンで20〜30分、底のソースが温まるまで焼く。

2章

ひき肉を
ほぐして作る料理

ひき肉をパラパラに炒める、煮る、さらに煮汁をスープにするなど、
火の通りが早いひき肉ならではのよさを生かした料理です。
野菜や豆腐、豆などほかの素材と調和して、肉の旨味を感じさせ、
脇役でも輝く、そんなひき肉の定番おかずを集めました。
和食、中華、エスニックなど、世界のその地域で愛される
本格的な味つけも魅力です。

鶏ひき肉で

冬瓜そぼろあんかけ

鶏ひき肉は具材にもだしにもなるのが魅力。鶏の淡白なだしに干しえびを加えると味に深みが出ます。
冬瓜が旨味の増した汁をたっぷりと含んで、じゅわっと口に広がります。

材料（2人分）

鶏ひき肉 —— 100g
冬瓜 —— 300g（正味）
干しえび —— 小さじ1
米油 —— 小さじ1
A｜昆布（5cm四方）—— 1枚
　｜おろししょうが
　｜　　—— 小さじ1/2
　｜酒 —— 大さじ2
塩 —— 小さじ1/2
［水溶き片栗粉］
　｜片栗粉 —— 大さじ1/2
　｜水 —— 大さじ1

干しえび
えびの旨味がたっぷりの中華食材。水やぬるま湯で戻して炒めものやスープ、おこわなどに使用する。

1. 干しえびはさっと洗って水にひたし、10分以上おき、粗く刻む。冬瓜は薄く皮をむき（a）、種を除いて一口大に切る。

2. 鍋に米油を入れて中火にかけ、ひき肉を入れてほぐしながら炒める。1とA、水300mlを加え、ひと煮立ちさせてアクを除き、10〜15分煮る。

3. 塩で調味し、水溶き片栗粉を加えてとろみをつける。

豚ひき肉で

納豆、高菜、揚げいんげんのそぼろ炒め

中華料理の揚げいんげん炒めと和食の納豆炒め、好きなひき肉の炒めものをかけ合わせた一品です。
高菜漬けなどの漬けものを入れると、旨味が増して味もまとまります。

材料（2人分）
豚ひき肉 —— 100g
さやいんげん —— 200g
揚げ油 —— 適量
しょうがのみじん切り —— 1かけ分
A┃ 高菜漬け（塩漬け、市販品） —— 30g
　┃ 酒 —— 大さじ1と1/3
　┃ しょうゆ —— 小さじ2
　┃ こしょう —— 少々
納豆 —— 40g

1　Aの高菜は粗みじん切りにする。いんげんは4cm長さに切る。

2　フライパンに揚げ油を2cmほど入れて中温（170℃）に熱し、いんげんを入れ、皮がはじけるくらいまで揚げる（a）。

3　フライパンをきれいにし、ひき肉を入れて中火にかける。肉の脂と水分が出てきたらしょうがを加え、香りが立ったらAを加えて汁けがなくなるまで炒め煮にする。

4　納豆と2を順に加え、そのつどさっと炒め合わせる（b）。

鶏ひき肉で

ピーナッツ肉だれのあえ麺
ザーサイのかきたまスープ

さっとゆでた鶏ひき肉を油分のあるナッツだれであえれば、
しっとりとやわらかな鶏の旨味を感じられます。
さらに鶏のだしが出たゆで汁にザーサイを加えるだけで、おいしいスープに。

ピーナッツ肉だれのあえ麺

材料（2人分）

鶏ひき肉 —— 200g
酒 —— 小さじ2
A ｜ ピーナッツバター（無糖）—— 大さじ3
　｜ しょうゆ —— 大さじ1と1/2
　｜ 黒酢 —— 大さじ1と1/2
　｜ 豆板醤 —— 小さじ1
中華生麺 —— 2玉
チンゲン菜 —— 1株
細ねぎの小口切り —— 4〜5本分
ラー油 —— 適量

1 チンゲン菜は長さを3等分に切り、軸は縦半分に切って薄切りにする。

2 大きめのボウルにAを入れて混ぜる。

3 鍋に水400mlと酒を入れて中火にかけ、温まってきたらひき肉を加える。軽くほぐして煮立ったらアクを除き、肉に火が通ったら網じゃくしなどでひき肉をすくい取り（a）、2のボウルに入れて混ぜる。ゆで汁は取りおき、ザーサイのかきたまスープ（右記参照）に使う。

4 大きめの鍋にたっぷりの湯を沸かし、麺を袋の表示時間通りにゆでる。ゆで上がり1分前になったら、チンゲン菜を加えて一緒にゆでる。ざるにあけ、器に盛り、3のピーナッツ肉だれをのせてラー油をかけ、細ねぎをちらす。よく混ぜて食べる。

ザーサイのかきたまスープ

材料（2人分）

ピーナッツ肉だれのあえ麺のゆで汁（左記参照）
　—— 全量
ザーサイ（塩漬け、市販品）—— 15g
溶き卵 —— 1個分
塩 —— 小さじ1/4
［水溶き片栗粉］
　片栗粉 —— 小さじ1
　水 —— 大さじ1

作り方

ザーサイは粗みじん切りにする。ゆで汁の入った鍋に加えて中火にかけ、温まったら水溶き片栗粉を加える。とろみがついたら、溶き卵を回し入れる。卵が浮いてきたら、さっと混ぜて塩で調味する。

ⓐ

鶏ひき肉で

ふろふき大根とこんにゃくのそぼろ味噌

子どものころからお気に入りの鰻屋さんのふろふき大根がヒントに。
シンプルな白味噌だれとも違う、甘みのある赤味噌とひき肉のコクで満足感のあるおかずになります。

材料（2人分）

[そぼろ味噌]
- 鶏ひき肉 —— 100g
- 米油 —— 大さじ1/2
- A
  - 八丁味噌 —— 40g
  - 酒 —— 大さじ2
  - みりん —— 大さじ2
  - きび砂糖 —— 大さじ1と1/2
  - 水 —— 70㎖
- 柚子の皮のすりおろし —— 少々
- 大根 —— 12cm
- こんにゃく —— 1枚
- B
  - 昆布（5cm四方）—— 1枚
  - 酒 —— 大さじ1
  - 塩 —— ひとつまみ

八丁味噌

愛知県で作られている八丁味噌は、赤味噌の中でも長く熟成させた黒に近い色合いで、旨味や酸味、深いコクが特徴。

1 大根は皮を厚めにむき、2〜3cm厚さに切り、片面に十字に切り目を入れる（a）。鍋にひたるくらいの水と一緒に入れ、あれば米のとぎ汁やぬかを加え、中火で15分下ゆでして、軽く水洗いする。

2 こんにゃくは4等分の三角形に切り、片面に格子状に切り目を入れ、さっとゆでてざるにあける。

3 鍋に 1、2、水400㎖、Bを入れて中火で20分煮る。

4 そぼろ味噌を作る。フライパンに米油を入れて中火で熱し、ひき肉を入れて炒める。肉がほぐれてきたらAを加え、木べらで練り混ぜて火を止め、柚子の皮を加えてひと混ぜする。

5 器に大根とこんにゃくを盛り、4をかける。好みで柚子のせん切りをのせる。

豚ひき肉で

蒼蠅頭
（ツアンインドウ）

台湾で食べたひき肉炒めの蒼蠅頭は、豆豉が蠅の頭に似ていることが名前の由来とか。
ちょっと濃いめの味つけでにんにくの芽やひき肉、豆豉を炒めれば、ご飯がいくらでも食べられます。

材料（2～3人分）

豚ひき肉 —— 200g
にんにくの芽（またはにら） —— 2束（150g）
にんにくのみじん切り —— 1片分
豆豉 —— 大さじ1と1/2
ごま油 —— 大さじ1
赤唐辛子の輪切り —— 1本分
紹興酒 —— 大さじ1
しょうゆ —— 大さじ1
きび砂糖 —— 小さじ1/3～1/2

豆豉（トウチ）

大豆や黒豆、麹、塩で作った発酵調味料。麻婆豆腐や炒めものなど、中華料理に欠かせない塩味と深いコクが特徴。

1. 器に豆豉とひたるくらいの水を入れ、10分ほどおいてふやかし、半量を粗く刻む。にんにくの芽は小口切りにする。

2. フライパンにごま油を入れて弱火にかけ、にんにくを入れて炒める。香りが立ったら豆豉と赤唐辛子を入れてよく混ぜる。ひき肉を加えて中火にし、色が変わるまで炒め、紹興酒を加えてアルコール分を飛ばす。

3. しょうゆと砂糖を加えて軽く炒め、にんにくの芽を加えて全体がなじむまで炒め合わせる。

鶏ひき肉で

鶏肉のガパオライス

本場のタイではホーリーバジルを使いますが、手に入りやすいスイートバジルでアレンジ。
パラパラのひき肉は、ご飯と食べやすいように少しとろみをつけました。

材料（2〜3人分）
鶏ひき肉 —— 200g
にんにくのみじん切り —— 1片分
赤唐辛子の輪切り —— 少々
ピーマンの細切り —— 2個分
赤パプリカの細切り —— 1/2個分
玉ねぎの薄切り —— 1/2個分
A [ナンプラー —— 小さじ2
　　しょうゆ —— 小さじ1
　　オイスターソース —— 小さじ1
　　鶏ガラスープの素 —— 小さじ1/3
　　水 —— 50ml
卵 —— 2〜3個
米油 —— 適量
タイ米 —— 1合
バジル —— 10枚

［水溶き片栗粉］
片栗粉 —— 小さじ1
水 —— 大さじ1

1 p.22の1を参照して同様にタイ米を炊く。

2 目玉焼きを作る。フライパンに米油を多めに入れて中火にし、卵を割り入れて白身がカリッとするまで焼く。

3 フライパンをきれいにし、ひき肉、にんにく、唐辛子を入れて中火にかけ、フライ返しで押しつけながら焼く。肉に焼き色がつき、香りが立ったら裏返し、ピーマン、赤パプリカ、玉ねぎを加えて玉ねぎが透き通るまで炒め、Aを加えて肉を大きくほぐしながらさっと混ぜる。水溶き片栗粉を加えて混ぜ、バジルをちぎって散らし、火を止める。

4 器にご飯を盛り、3をかけて2をのせる。

合いびき肉で
本格麻婆豆腐

豆腐は塩ゆでしておくと、水分が抜けて形も崩れません。花椒は軽く炒って香りを出し、よりしびれを感じられるように。どちらもひと手間ですが、おいしく作るポイントです。私は少し辛めの味が好きですが、豆板醤はお好みで。減らす場合は塩で味を調整してください。

材料（2～3人分）

合いびき肉 —— 150g
木綿豆腐 —— 大1丁（400g）
A ┃ 長ねぎのみじん切り —— 1/3本分
　┃ にんにくのみじん切り —— 1/2片分
　┃ しょうがのみじん切り —— 1/2かけ分
　┃ 豆板醤 —— 大さじ1
米油 —— 大さじ1
B ┃ 甜麺醤 —— 大さじ1
　┃ 紹興酒（または酒）—— 大さじ1
　┃ しょうゆ —— 大さじ1/2
　┃ 鶏ガラスープの素 —— 小さじ1/3
塩、こしょう —— 各少々
［水溶き片栗粉］
　┃ 片栗粉 —— 大さじ1/2
　┃ 水 —— 大さじ2
花椒 —— 大さじ1
ラー油 —— 適量

下準備
・花椒はフライパンで炒って、香りが立ったらすり鉢などで軽く潰す。

1. 豆腐は2cm角に切る。鍋に湯を沸かし、塩少々（分量外）と豆腐を入れてさっとゆで、ざるにあけて水けをきる(a)。

2. フライパンに米油を入れて中火にかけ、ひき肉とAを入れ、ほぐさずに焼く。肉に焼き色がつき、香りが立ったら裏返し、Bを順に加えてそのつど炒め合わせる。肉をほぐし、水150mlを加える。ひと煮立ちしたらアクを除き、1を加えて2～3分煮て、塩、こしょうで調味し、弱火にする。

3. 水溶き片栗粉を加えて混ぜ、とろみがついたら花椒をふり、ラー油を回しかける。

豚ひき肉で

グリーンカレーそぼろご飯

グリーンカレーペーストで炒めたひき肉をご飯にのせ、
すだちをキュッと搾ってトッピングと混ぜ、ライスサラダのように食べます。
野菜やハーブはすべて揃える必要はなく、好みのものを好きなだけのせてください。

材料（2人分）
豚ひき肉 —— 150g
グリーンカレーペースト（市販品）—— 小さじ1
にんにくのみじん切り —— 1/2片分
赤唐辛子の輪切り —— 少々
ナンプラー —— 小さじ1
［トッピング］
　大葉（手でちぎったもの）—— 適量
　パクチーのざく切り —— 適量
　ブロッコリースプラウト —— 適量
　ディル —— 適量
　サニーレタス —— 適量
　ミント —— 少々
すだち —— 1個
タイ米 —— 1合
　（または温かいご飯330g）

1　p.22の1を参照して同様にタイ米を炊く。すだちは横半分に切る。

2　フライパンの半分のスペースにひき肉を入れて中火にかけ、ほぐしながら炒める。あいているところにグリーンカレーペーストを入れて、香りが立つまで炒める。

3　肉の色が変わったらにんにく、赤唐辛子を加えて全体を炒め合わせ、ナンプラーで調味する。

4　器にご飯を盛って3をのせ、まわりにトッピングの野菜やハーブを飾り、すだちを添える。よく混ぜて、すだちを搾って食べる。

グリーンカレーペースト

グリーンカレーを手軽に作れるペーストは、炒めものにも便利。残ったペーストは冷凍しておけば、無駄なく使える。

牛ひき肉で

3色ビビンパ

ひき肉は油で炒めずに調味料で煮ることで、ふっくら、しっとりとした肉そぼろに仕上がります。
しっかりした味つけなので、ビビンパはもちろん、キンパにするのもおすすめです。

材料（2人分）

［肉そぼろ］
- 牛ひき肉 —— 150g
- 酒 —— 大さじ1と1/2
- しょうゆ —— 大さじ1
- きび砂糖 —— 小さじ1/2
- おろしにんにく —— 小さじ1/2
- 粉唐辛子 —— 小さじ1/4

豆もやしのナムル（下記参照）—— 全量
にんじんのナムル（下記参照）—— 全量
温かいご飯 —— 300g
コチュジャン —— 小さじ1
白いりごま —— 少々

1 肉そぼろを作る。小鍋に肉そぼろの材料をすべて入れてよく混ぜる（a）。中火にかけ、木べらや菜箸4本で混ぜながら肉の色が変わるまで炒め煮にする。

2 器にご飯を盛り、1、豆もやしのナムル、にんじんのナムルをのせ、コチュジャンを添え、ごまをふる。よく混ぜて食べる。

にんじんのナムル

材料（2人分）

にんじんのせん切り —— 1/2本分

A
- 白すりごま —— 小さじ1/4
- おろしにんにく —— 少々
- ごま油 —— 大さじ1/2
- 塩 —— 小さじ1/4

1 ボウルにAを入れて混ぜる。

2 鍋に湯を沸かし、にんじんを入れてさっとゆでてざるにあける。1のボウルに入れてよくあえる。

豆もやしのナムル

材料（2人分）

豆もやし —— 1/2袋（100g）

A
- 白すりごま —— 小さじ1
- おろしにんにく —— 小さじ1/4
- ごま油 —— 大さじ1
- しょうゆ —— 小さじ1/4
- 塩 —— 小さじ1/4

1 ボウルにAを入れて混ぜる。

2 鍋に湯を沸かし、もやしを入れてさっとゆでてざるにあける。1のボウルに入れてよくあえる。

豚ひき肉で

ヤムウンセン

本場タイでは温かいまま食べる春雨サラダ。調味料と豚ひき肉を一緒に煮ることで、肉の脂もドレッシングの旨味にしてみました。えびといかはどちらかを入れるだけでも十分おいしくなります。セロリとライムでさわやかにまとめて。

材料（2〜3人分）
豚ひき肉 —— 80g
セロリ —— 1/3本
緑豆春雨 —— 50g
有頭えび（ブラックタイガーなど）—— 4〜6尾
するめいか —— 小1杯（50g）
干しえび —— 大さじ1
A ┃ 紫玉ねぎの薄切り —— 30g
  ┃ ライム果汁 —— 小さじ1
  ┃ 塩 —— 少々
B ┃ ナンプラー —— 大さじ1と1/3
  ┃ 酒 —— 小さじ1
  ┃ 赤唐辛子の輪切り —— 1/2本分
  ┃ 砂糖 —— 小さじ1/2
  ┃ おろしにんにく —— 小さじ1/4
ライム果汁 —— 小さじ1/2
細ねぎの小口切り —— 適量
パクチーのざく切り —— 適量
ライム —— 適量

1 セロリは斜め薄切りにする。干しえびはさっと洗い、粗く刻んで水大さじ2にひたして10分ほどおく。Aを容器に入れて混ぜる（a）。

2 有頭えびは頭を落として殻をむき、背に切り目を入れて背ワタを除く。いかは足とワタを引き抜き、軟骨を除き、よく洗って胴を1cm幅に切る。鍋に湯を沸かし、えびを色が変わるまでさっとゆでて網じゃくしで引き上げ、続けていかを入れて1〜2分ゆでてざるにあける。

3 鍋をきれいにしてたっぷりの湯を沸かし、春雨を袋の表示時間通りゆでてざるにあけ、5cm長さに切る。

4 小鍋にBと1の干しえびを戻し汁ごと入れ、中火にかける。煮立ったらひき肉を入れてほぐし（b）、火が通ったら火を止める。粗熱をとり、ライム果汁を加える。

5 ボウルに3、セロリ、A、2のえびといかを入れて4をかけ、さっとあえる。器に盛り、細ねぎとパクチーをちらし、ライムを添える。

合いびき肉で

なすとししとうの本格キーマカレー

なすはレンジで油を含ませると、揚げなすよりヘルシーでコクが出てキーマカレーによく合います。
スパイスはカレー粉だけでも、好みのものでもよいのですが、カルダモンを加えるのが私のお気に入り。

材料（2人分）
合いびき肉 —— 160g
なす —— 1本
ししとう —— 4〜5本
クミンシード —— 小さじ1/2
A ┃ 玉ねぎのみじん切り —— 1/2個分
　 ┃ にんにくのみじん切り —— 1片分
　 ┃ しょうがのみじん切り —— 大さじ1
　 ┃ 赤唐辛子（好みで種を除く）—— 1本
カレー粉 —— 大さじ1（6g）
B ┃ 塩 —— 小さじ1/2強（3g）
　 ┃ ホールトマト缶 —— 1/4缶（100g）
　 ┃ トマトペースト（またはトマトケチャップ）
　 ┃ 　 —— 小さじ1
米油 —— 適量
ガラムマサラ —— 小さじ1
あればカルダモン（殻つき）—— 2個
タイ米 —— 1合
　（または温かいご飯330g）
プレーンヨーグルト —— 大さじ2〜3

下準備
・p.22の **1** を参照して同様にタイ米を炊く。
・カルダモンは殻ごとめん棒などでたたいて潰す。

1 なすはところどころ皮をむき、一口大の乱切りにし、耐熱容器に入れ、米油小さじ1をからめてふんわりとラップをかけ、600Wの電子レンジで1分30秒加熱する（a）。ししとうはヘタごと小さめの一口大に切る。Bのホールトマトは粗みじん切りにする。

2 フライパンに米油大さじ1と1/2、クミンシードを入れて中火にかける。小さな泡が出てきたら、Aを加えて玉ねぎがきつね色になるまで炒め、フライパンの端に寄せる。

3 フライパンのあいたスペースにひき肉を入れ、ほぐさずにフライ返しで押しつけながら焼きつける（b）。肉の色が変わったら裏返し、大きくほぐしながら炒め、全体を混ぜ合わせる。

4 **1**のなすとししとう、カレー粉を加えてさっと炒め、Bと水200mlを加えて汁けがなくなるまで10分煮る。ガラムマサラとカルダモンを加え、2〜3分煮る。器にご飯を盛り、カレーをかける。ヨーグルトを添え、かけて食べる。

トルティーヤ →p.62

チリコンカン →p.62

ワカモレ →p.63
トマトのマリネ →p.63

牛ひき肉で

チリコンカン

チリコンカンは
ひき肉と豆をトマトで煮たアメリカ南部の伝統料理。
唐辛子と数種のハーブを合わせた
チリパウダーを使うことで、
複雑で深い味わいになります。
トルティーヤで巻いて食べるほか、
ご飯にかければタコライスにも。

材料（4人分）
牛ひき肉 —— 200g
玉ねぎのみじん切り —— 1/2個分
ししとうの小口切り —— 6本分
にんにくのみじん切り —— 1片分
クミンシード —— 小さじ1
A［ホールトマト缶 —— 1缶（400g）
　　キドニービーンズ（水煮）—— 200g
　　トマトケチャップ —— 大さじ2
　　チリパウダー —— 小さじ1
　　カレー粉 —— 小さじ1
　　塩 —— 小さじ2/3
　　ローリエ —— 1枚
　　水 —— 200ml］
塩、こしょう —— 各適量

1 Aのホールトマトを粗みじん切りにする。

2 フライパンにひき肉を平たく入れて中火にかけ、ほぐさずにフライ返しで押しつけながら焼く。こんがりと焼き色がついたら大きめにほぐして裏返す。フライパンの端に寄せてスペースを作る。

3 フライパンのあいたところに、にんにくとクミンシードを入れ、弱火にして香りが立ったら、玉ねぎ、ししとうを順に加えてそのつど炒める。

4 Aを加えて中火にし、木べらでホールトマトを潰す。ひと煮立ちしたらアクを除き、汁がなくなるまで煮詰める。塩、こしょうで味をととのえ、器に盛る。

チリパウダー
赤唐辛子に、オレガノやにんにく、パプリカなどをブレンドした粉末調味料。辛みよりも香りが増して本格的に仕上がる。

キドニービーンズ
チリコンカンに欠かせない、煮くずれしにくい海外産の赤いんげん豆。手軽に使えるパウチや缶詰がおすすめ。

トルティーヤ

材料（3〜4人分）
トルティーヤ生地（市販品）—— 6〜8枚
フリルレタスなどの葉もの野菜 —— 適量
パクチー —— 適量
ライム —— 適量

作り方
フライパンにトルティーヤ生地を入れて中火にかけ、表面をパリッと焼く。器にのせ、葉もの野菜、パクチー、ライムを添える。トルティーヤにチリコンカン（左記参照）、好みでワカモレやトマトのマリネ（ともにp.63参照）をのせ、包んで食べる。

ワカモレ

サワークリームを混ぜることで、
クリーミーなディップに。
トルティーヤチップスにつけて食べてもおいしい。

材料（作りやすい分量）
アボカド —— 1個（正味120g）
紫玉ねぎのみじん切り —— 15g
塩 —— 小さじ1/4
ライム果汁 —— 小さじ1
おろしにんにく —— 少々
タバスコ —— 少々
サワークリーム —— 30g
パクチーの粗みじん切り —— 1/2束分

1 紫玉ねぎに塩、ライム果汁少々をふり、さっとあえる。

2 アボカドは縦にぐるりと切り込みを入れ、半分を皮ごと回して種をはずす。果肉をスプーンなどですくい取り、ボウルに入れて残りのライム果汁をふり、フォークなどでなめらかになるまで潰す。

3 1と残りの材料を加えて、よく混ぜる。

トマトのマリネ

色鮮やかなさっぱり味のマリネです。
焼いたお肉によく合うので
牛肉の焼きタルタルステーキ（p.98）や、
ラム肉のトルコ風ソーセージ（p.114）などの
つけ合わせにも。

材料（作りやすい分量）
トマト —— 2個
青唐辛子（またはししとう）—— 1本
パクチーの粗みじん切り —— 1/3束分
ライム果汁 —— 小さじ1/4
塩 —— 小さじ1/2
オリーブオイル —— 大さじ1
チリパウダー —— 小さじ1/2

作り方
トマトは1cm角に切り、青唐辛子はみじん切りにする。ボウルに入れ、残りの材料を加えてさっとあえる。

3章

ひき肉を
丸めて作る料理

パラパラのおいしさだけでなく、
丸めたり、かためたりして大きく作れば
見た目も華やかで食べごたえのあるごちそうに。
ハンバーグやミートローフなど、まさにひき肉が主役のレシピです。
同じ肉だねを使って焼きつくねとつくね鍋を作ったり、
肉だんごをたくさん作って酢豚や鍋にアレンジするなど、
ひとつ覚えるとレパートリーが広がるから、
いろいろ試したくなります。

焼きつくね

甘じょっぱいたれをからめ、卵黄をつけて食べる王道の焼きつくねです。
れんこんは食感が残るようにカットしてアクセントに。粉山椒をピリッと効かせるのが私のお気に入り。
豆腐入りつくねだねは保存には向かないので、料理を作る直前に準備して。

材料（約6×3.5cmの俵形8個分）
豆腐入りつくねだね（下記参照）── 全量
ごま油 ── 少々
酒（または水）── 大さじ1
［たれ］
　しょうゆ ── 大さじ1
　みりん ── 大さじ1
　きび砂糖 ── 大さじ1/2
卵黄 ── 1〜2個分

1 つくねだねは8等分して、平たい俵形にする。

2 フライパンにごま油を入れ、中火にかける。1を並べ、両面をこんがり焼き、酒を入れてふたをし、弱火で2〜3分蒸し焼きにする。

3 たれの材料を加えて煮立たせ、つくねにからめる。器に盛り、卵黄を添え、好みで粉山椒をふる。

鶏ひき肉で

豆腐入りつくねだね

材料（作りやすい分量・約320g）
鶏ひき肉 ── 200g
木綿豆腐 ── 60g
れんこん ── 30g
長ねぎのみじん切り ── 20g
しょうが汁 ── 小さじ1（1かけ分）
酒 ── 小さじ1
塩 ── 2g（小さじ1/3強）
こしょう ── ふたつまみ
片栗粉 ── 小さじ1/2

作り方
れんこんは5mm角に切る。豆腐はペーパータオルで、水けを拭いてボウルに入れる。残りの材料を加えて、粘りが出るまで手でよく練り混ぜる（a）。

つくね鍋

豆腐入りのつくねだねで作るから、
ふわふわのやわらかい肉だんごになります。
昆布、つくね、鶏スープの旨味がベース。
肉だんごにはすだちを搾って塩をつけ、
野菜はポン酢をかけるとおいしいです。
具材はほかにもきのこや白菜、かぶなど
鍋の定番の具なら何でも合います。

材料（2～3人分）
豆腐入りつくねだね（p.67参照）——— 約320g
長ねぎ ——— 1本
せり ——— 2束
昆布（7cm四方）——— 1枚
鶏スープ（p.75参照、または水）——— 500mℓ
塩 ——— 適量
すだち ——— 1～2個
ポン酢 ——— 適量

下準備
・鍋に水200mℓと昆布を入れて30分ほどおく。
・p.67を参照して、豆腐入りつくねだねを用意する。

1 長ねぎは斜め薄切りにする。せりは根がついていればきれいに洗い、根ごとざく切りにする。すだちは横半分に切る。

2 下準備した鍋に鶏スープを加えて中火で熱し、ふつふつとしてきたら、つくねだねをスプーンですくって一口大のだんご状にして鍋に落とす（a）。

3 煮立ったらアクを除き、弱火でさらに2～3分煮て、長ねぎとせりを加えてさっと煮る。器に具を取り分け、塩とすだちを添える。すだちと塩をかけたり、ポン酢をかけたりして食べる。

ふんわり素揚げ肉だんご

そのまま食べてもおいしい肉だんごですが、ソースや粒マスタードとマヨネーズで食べるのもおすすめ。
しっかり練ったやわらかな肉だねだから、揚げるとふんわり仕上がります。

材料（2人分）
素揚げ肉だんご（下記参照）── 12個
マヨネーズ ── 適量
粒マスタード ── 適量
ウスターソース ── 適量

作り方
器に素揚げ肉だんごを盛る。マヨネーズと粒マスタード、ウスターソースをそれぞれ小皿に入れて添え、つけて食べる。

豚ひき肉で

素揚げ肉だんご

材料（35gの肉だんご24個分）
豚ひき肉 ── 600g
長ねぎのみじん切り ── 1本分
塩 ── 小さじ2/3
酒 ── 大さじ2
卵 ── 2個
A ┃ ごま油 ── 小さじ2
　┃ しょうゆ ── 小さじ1
　┃ おろししょうが ── 小さじ1/2
　┃ パン粉 ── 40g
揚げ油 ── 適量

1 ボウルにひき肉、塩、酒を入れ、手で粘りが出るまでよく練り混ぜる。卵を割り入れ、長ねぎとAを加えてさらに練り混ぜる。

2 1個35gを目安に24等分して丸める（a。大きさが違うと火の通り方に差が出るため、最初はキッチンスケールを使うとよい）。

3 フライパンに揚げ油を2cm深さに入れて中温（170℃）に熱し、表面がこんがりと色づくまで、時々転がしながら揚げる。肉だんごを菜箸で押してみて、弾力があれば揚げ上がり（b）。油をよくきって取り出す（c）。

保存方法と保存期間、使用法

・冷蔵保存するときは、保存容器に入れ、3〜4日間保存可能。
・冷凍保存するときは、使いやすい分量ずつをラップでくるみ、冷凍用保存袋に入れる。約2週間保存可能。
・使うときは、冷蔵なら軽く電子レンジで温める。調理する場合は冷えた状態で使う。冷凍なら冷蔵室に移して半日を目安に自然解凍する。急ぐときは凍ったまま調理してもよい。

バルサミコ風味の酢豚

素揚げ肉だんごを使うと、甘酢あんを作るだけで酢豚がさっとでき上がります。
香りとコクの強いバルサミコ酢に、具材は玉ねぎとピーマンでシンプルに。
大人っぽい味わいに仕上がります。

材料（2人分）

素揚げ肉だんご（p.71参照）—— 8個
ピーマン —— 1個
玉ねぎ —— 1/2個
米油 —— 小さじ1/2
［合わせ調味料］
　バルサミコ酢 —— 大さじ2
　しょうゆ —— 大さじ1
　酒 —— 大さじ1
　きび砂糖 —— 大さじ1
　水 —— 大さじ3
［水溶き片栗粉］
　片栗粉 —— 小さじ1
　水 —— 大さじ1

1 ピーマンは縦半分に切って、乱切りにする。玉ねぎはくし形に切って横半分に切る。

2 フライパンに米油を入れて中火にかけ、1を入れてさっと炒める。

3 肉だんご、合わせ調味料、水溶き片栗粉を加えて、からめながら炒める。

獅子頭鍋
シーズートウ

中華料理の獅子頭鍋は、通常大きな肉だんごを使いますが、
素揚げ肉だんごで作ると、小さくても揚げた肉だんごからコクが出て、おいしく作れます。
コトコト煮込んで味がしみた白菜や干ししいたけに、春雨をさっと合わせます。

材料（2人分）

素揚げ肉だんご（p.71参照）—— 12個
白菜 —— 1/4株（650g）
緑豆春雨 —— 50g
干ししいたけ —— 2枚
［煮汁］
  しょうがの薄切り —— 1/2かけ分
  酒 —— 大さじ2
  ごま油 —— 大さじ1
  しょうゆ —— 小さじ2
  塩 —— 小さじ1
  鶏スープ（右記参照）—— 600mℓ
  （または鶏ガラスープの素小さじ1/2、水600mℓ）

下準備

・干ししいたけは水200mℓにひたし、冷蔵室に半
  日～1日おいて戻す。戻し汁は取りおく。

1 鍋に湯を沸かして火を止め、春雨を入れてさっ
  とゆでて戻す。粗熱がとれたら、食べやすい長
  さに切る。干ししいたけは、軸を除いて半分に
  切る。白菜は軸と葉に分け、食べやすい長さに
  切り、軸はさらに1cm幅に切る。

2 鍋に煮汁、白菜の軸、干ししいたけと戻し汁全
  量を入れて中火にかける。煮立ったら、肉だん
  ごと白菜の葉を入れて弱火にし、30分ほど煮る。
  春雨を加えて10分煮て、好みでさらにごま油
  を回しかける。

鶏スープ

材料（作りやすい分量）

鶏手羽元 —— 500g
塩 —— 大さじ1/2
香味野菜
  （セロリ、パセリなど）—— 適量
ローリエ —— 1枚

鶏手羽元に塩をすり込み、水分が出
てきたらペーパータオルで拭いて鍋
に入れる。水1ℓ、香味野菜、ローリ
エを加えて中火にかけ、ひと煮立ち
したらアクを除く。ふたをして弱火で
40分煮て、ざるで濾す。

※スープは粗熱をとり、冷凍用保存袋に入
  れて冷凍で2～3週間保存可能。
※鶏肉はほぐしてサラダなどに使うとよい。

ロールキャベツのシンプル煮込み

肉の旨味とキャベツの甘みがスープに溶けたあっさり味のロールキャベツです。
8個を一気にかぶるくらいの煮汁で煮て、
半分でp.78の「ロールキャベツのブルーチーズクリーム煮込み」を作っても。

材料（2人分）
ロールキャベツ（下記参照） —— 4個
［煮汁］
　酒（または白ワイン） —— 大さじ1
　鶏スープ（p.75参照） —— 400㎖
　（または鶏ガラスープの素小さじ1、水400㎖）
ローリエ —— 1枚

作り方
鍋に煮汁を入れて軽く混ぜ、ロールキャベツ、ローリエを加えて落としぶたをし、さらに少しずらしてふたをのせ、中火にかける。煮立ったらアクを除き、弱火にして30分ほど煮る。

豚ひき肉と鶏ひき肉で

ロールキャベツ

材料（8個分）
キャベツ
（まるのまま芯をくり抜き、外から葉をはがしたもの）
　—— 大8枚
塩 —— ひとつまみ
［肉だね］
　豚ひき肉 —— 200g
　鶏ひき肉 —— 200g
　玉ねぎのみじん切り —— 1/2個分
　塩 —— 小さじ1/2
　パン粉 —— 20g

1. 大きめの鍋に湯を沸かし、塩とキャベツを入れて2～3分煮る。ざるにあけ、水けをきって冷ます。

2. 肉だねを作る。ボウルに豚ひき肉と鶏ひき肉、塩を入れ、粘りが出るまで手で練り混ぜる。残りの材料を加え、さらに練り混ぜる。

3. キャベツ1枚を広げ、水けがあればペーパータオルで拭く。肉だねの1/8量を細長く丸め、両手でキャッチボールをして空気を抜く。キャベツにのせて包み（下記参照）、同様に全部で8個作る。

ロールキャベツの包み方

1. キャベツを広げて真ん中に肉だねを横長にしてのせ、手前をひと巻きする。

2. 左側の端を折り返す（右側は折らない）。

3. くるくると巻き、巻き終わりを下にして、右端の出ている部分を中に押し込む。

保存方法と保存期間、使用法

・冷蔵保存するときは、保存容器に入れ、約2日間保存可能。
・冷凍保存するときは、1個ずつラップでくるみ、冷凍用保存袋に入れる。約2週間保存可能。使うときは、冷蔵室に移して半日を目安に自然解凍する。急ぐときは凍ったまま鍋に入れ、長めにゆでる。

ロールキャベツの
ブルーチーズクリーム煮込み

ロールキャベツの表面を焼いた香ばしさが、
生クリームとブルーチーズのコクのあるソースのアクセントに。
フランスの煮込み料理風に、カリフラワーをソースにからめて盛りつけます。

材料（2人分）
ロールキャベツ（p.77参照）── 4個
カリフラワー ── 1/2個（150g）
白ワイン ── 50㎖
生クリーム ── 150㎖
ブルーチーズ（ここではゴルゴンゾーラ）── 30g
粗びき黒こしょう ── 少々
オリーブオイル ── 小さじ1

1 カリフラワーは小房に分ける。

2 フライパンにオリーブオイルを入れて中火にかけ、ロールキャベツを入れて軽く焦げ目がつくまで焼き、上下を返す（a）。1を加えてざっと混ぜ、白ワインを加えて強火にし、アルコール分を飛ばして弱火にする。生クリームを加えてふたをし、10分煮たら、ふたを取って軽くとろみがつくまで煮る。

3 ブルーチーズを手でちぎって加え、混ぜて溶かす。器に盛り、こしょうをふる。

ロールキャベツのシンプル煮込みで作る場合

1 カリフラワーを小房に分ける。フライパンに水100㎖とともに入れ、中火で5分煮て、ざるにあけ、水けをきる。

2 フライパンをきれいにし、ロールキャベツのシンプル煮込みの汁けをきって入れ、1、白ワインを加えて強火にかけ、アルコール分を飛ばして弱火にする。生クリームを加え、ふたはせずに3分煮る。

3 ブルーチーズを手でちぎって加え、混ぜて溶かす。器に盛り、こしょうをふる。

和風ハンバーグと野菜グリル →p.83

牛ひき肉と豚ひき肉で

生ハンバーグ

材料（4個分）
牛ひき肉 —— 400g
豚ひき肉 —— 100g
玉ねぎのみじん切り
　　—— 小1個分（150g）
牛乳 —— 大さじ4
パン粉 —— 25g
バター —— 小さじ1
塩 —— 小さじ1弱
こしょう —— 少々
ナツメグ —— 少々
卵 —— 1個

1 パン粉は牛乳にひたす。フライパンにバターを入れて中火にかけ、玉ねぎを入れて透き通るまで炒め、バットに移して粗熱をとる。

2 ボウルに牛ひき肉、豚ひき肉、塩、こしょう、ナツメグを入れ、肉に粘りが出るまで手でよく練る。1を加え、卵を割り入れて混ぜ合わせ、全体が白っぽく、肉だねがボウルの底につくくらい粘りが出るまでよく練る。ラップをかけ、冷蔵室に15分ほどおく。

3 冷蔵室から取り出し、両手に油（分量外）を薄く塗って4等分して丸め、軽くキャッチボールをして空気を抜き、表面を平らにする。厚さ2cmの小判形にし、中央を軽く押してへこませる（a）。

保存方法と保存期間、使用法

・冷蔵保存するときは、2の状態で保存容器に入れる（焼く直前に成形する）。翌日まで保存可能。
・冷凍保存するときは、3を1個ずつラップでくるみ、冷凍用保存袋に入れる。約2週間保存可能。使うときは、冷蔵室に移して半日を目安に自然解凍するか、急ぐときは凍ったままフライパンに入れ、長めに焼いて調理する。

和風ハンバーグと野菜グリル

肉だねにしっかり味をつけ、肉から出た脂で野菜を焼くと、
ハンバーグも野菜も旨味のある仕上がりに。
ポン酢しょうゆはしょうゆ、酢、みりんを5：4：3の割合で合わせて、少し濃いめに。
柑橘はお好みのもので。私は酸味にすだちを使うのが好きです。
お使いの調味料で味も変わるので、2：2：1にしたり、みりんの一部を酒にしても。

材料（2人分）
<mark>生ハンバーグ</mark>（p.82参照）—— 2個
しいたけ —— 4枚
オクラ —— 4本
れんこん —— 6〜8mm厚さの輪切り1枚
米油 —— 少々
酒 —— 大さじ1
大根おろし —— 大さじ4
ポン酢しょうゆ（右記参照） —— 適量
七味唐辛子 —— 少々

1 しいたけは軸の下半分を切り落とし、かさの表側に十字に切り目を入れる。オクラはガクのまわりをぐるりと切り取る。れんこんは半分に切り、厚みを半分に切る。

2 フライパンに米油を入れて中火にかけ、ハンバーグを入れてふたをし、表面に濃い焼き色がつくまで3〜4分焼き、フライ返しで裏返す。

3 フライパンのあいているところに1をのせ（a）、酒をかけてふたをし、弱火で肉に火が通るまで10分焼く。野菜は途中で裏返す。

4 器に盛り、ハンバーグに大根おろしをのせてポン酢しょうゆをかけ、七味をふる。

ポン酢しょうゆ

材料（作りやすい分量）
しょうゆ —— 100㎖
柑橘果汁（すだち、ゆず、レモンなどを合わせ、足りなければ米酢を足す）
　—— 80㎖
みりん —— 60㎖
昆布（3cm四方） —— 1枚

1 みりんを小鍋に入れて中火にかけ、沸騰させてアルコール分を飛ばし、しょうゆを加えて火を止める。昆布、好みで削りがつお2gを加え、そのままおいて冷ます。

2 柑橘果汁を加え、昆布や削りがつおごと保存瓶に入れる。

※冷蔵で2〜3カ月保存可能。
※1日目から使えるが、1週間たったら厚手のクッキングペーパーで濾すとよい。

煮込みハンバーグ

市販のデミグラスソースを使わなくても作れる煮込みハンバーグです。
ポイントはにんにくとマッシュルームをバターで炒めること。
ソースの香りとコクを深めてくれます。

材料（2人分）
生ハンバーグ（p.82参照）—— 2個
オリーブオイル —— 少々
［ソース］
　にんにくのみじん切り —— 1/2片分
　マッシュルームの薄切り —— 100g
　バター —— 小さじ1～2
　赤ワイン —— 100ml
　A｜トマトジュース（食塩不使用）
　　　—— 100ml
　　｜トマトケチャップ —— 大さじ2
　　｜ウスターソース —— 小さじ1
　　｜しょうゆ —— 小さじ1
クレソン —— 適量

1 フライパンにオリーブオイルを入れて中火にかけ、ハンバーグを入れてふたをする。表面に濃い焼き色がつくまで3～4分焼き、フライ返しで裏返して少し端に寄せる。

2 あいたところににんにく、マッシュルームを入れて香りが立つまで炒める（a）。脂が多く出てきたらペーパータオルで少し拭き、バター小さじ1を加えてさらに1～2分炒める。

3 赤ワインを加えて混ぜ、煮立たせてアルコール分を飛ばす。Aを加えてひと煮立ちさせたら弱火にしてふたをし、10分煮る。

4 ふたを取って軽くソースを煮て、仕上げにバター小さじ1を加えて火を止める。ハンバーグを器に盛り、ソースがゆるければ少し煮立たせてとろみをつける。ソースをハンバーグにかけ、クレソンを添える。

牛ひき肉で

ケフタ

ケフタはひき肉という意味で、
ミートボールをトマトソースで煮た、スパイスの香りが特徴のモロッコ料理です。
鍋を使わず、フライパンひとつでソースを一緒に煮込んでもOK。

材料（2～3人分）
[ミートボールだね]
　牛ひき肉 —— 250g
　おろしにんにく —— 小さじ1/2
　玉ねぎのすりおろし —— 25g
　パクチーのみじん切り —— 小さじ2
　クミンパウダー —— 小さじ1/4
　こしょう —— 少々
　塩 —— 小さじ1/3
オリーブオイル —— 適量
にんにくのみじん切り —— 1片分
A　トマトの水煮（粗ごしタイプ）—— 300g
　　カイエンペッパー（パウダー。または粉唐辛子）
　　　—— 小さじ1/4
　　クミンパウダー —— 少々
　　塩 —— 小さじ2/3
　　こしょう —— 少々
卵 —— 1個
カイエンペッパー —— 少々
パクチーのざく切り —— 少々

1 ミートボールだねを作る。ボウルにミートボールだねの材料をすべて入れ、手でよく練り混ぜ、直径4～5cmに丸める（a）。

2 フライパンにオリーブオイル少々を入れて中火にかけ、1を入れて表面に焼き色がつくまで転がしながら焼く。

3 鍋にオリーブオイル小さじ1とにんにくを入れて弱火にかけ、香りが立ったら弱めの中火にし、2とAを加え、15分ほど煮る。

4 ミートボールを端に寄せ、中央に卵を割り入れ、ふたをして半熟になるまで、さらに3分ほど煮る。火を止め、卵にカイエンペッパーをふり、パクチーのざく切りをちらす。

クミンパウダー
カレーにも使われる独特の香りのスパイス。クミンシードを粉末状にしたもので、食材に混ぜたり、ソースに加えるときに便利。

カイエンペッパー（パウダー）
乾燥させた赤唐辛子を粉末状にしたもの。チリペッパー、粉唐辛子も同様に使えるが、粗びきではなく、細かいものを選んで。

牛ひき肉で
煲仔飯（ボウジャイファン）

煲仔飯は香港には専門店もある
人気の広東風土鍋炊き込みご飯のこと。
そこで食べた味を思い出してえのきたけと長ねぎを加え、
ひき肉の旨味が野菜にしみ込むようにアレンジしました。

材料（3〜4人分）
牛ひき肉 —— 240g
米 —— 1.5合（270mℓ）
えのきたけ —— 60g
長ねぎ —— 30g
A ┌ 卵白 —— 1個分
　│ きび砂糖 —— 小さじ1/3
　│ 塩 —— 小さじ1/4
　└ ナンプラー —— 小さじ1
[たれ]
　┌ きび砂糖 —— 大さじ1/4
　│ しょうゆ —— 大さじ1
　│ 酒 —— 大さじ1
　│ 花椒（すり鉢で軽くすり潰したもの）—— 小さじ1/2
　└ オイスターソース —— 小さじ1
ごま油 —— 小さじ2
卵黄 —— 1個分
細ねぎの小口切り —— 20g

下準備
・米はといで、5分ほど水にひたしてざるにあけ、30分おいて浸水させる。

1 えのきたけはほぐす。長ねぎは3〜4cm長さに切り、せん切りにする。

2 ボウルにひき肉とAを入れて、手で肉に粘りが出るまで練り混ぜ、室温におく。

3 土鍋（または厚手の鍋）に下準備した米と水270mℓを入れてふたをし、中火にかけ、煮立ったら弱火にして3分炊いて火を止める（a）。1のえのきたけ、長ねぎを順に重ねてのせ、2の肉だねを丸めて潰し（b）、平たい丸形にしてのせる（c）。ふたをして弱火にかけ、10分炊く。

4 ふたを取って、鍋肌からごま油を回しかけ、強火にして1分加熱し、火を止める。ふたをして10分蒸らす。

5 耐熱容器にたれの材料を入れて、ふんわりとラップをかけ、600Wの電子レンジで10〜15秒加熱する。ふつふつとしたらよく混ぜる。4が炊き上がったら、肉の中央に卵黄をのせてたれをかけ、細ねぎを散らす。卵黄をくずしながら、取り分ける。

〈合いびき肉で〉

ミートローフと野菜蒸し、サルサベルデソース

ひき肉を大きくまとめて、野菜と一緒に厚手の鍋で蒸し煮に。
メインとつけ合わせが同時に作れる手軽さも魅力です。
酸味のある緑のハーブのソース、サルサベルデを添えれば、特別な日の一皿にも。

材料（3〜4人分）

［肉だね］
- 合いびき肉 —— 400g
- 塩 —— 4g（小さじ2/3強）
- 粗びき黒こしょう —— 少々
- 溶き卵 —— 1個分
- パン粉 —— 30g
- 牛乳 —— 大さじ4
- 玉ねぎのみじん切り
   —— 小1/2個分（80g）

［つけ合わせの野菜］
- 玉ねぎの薄切り
   —— 小1/2個分（80g）
- にんじんのせん切り
   —— 小1本分（80g）
- セロリのせん切り —— 1本分
- 塩 —— ひとつまみ
- オリーブオイル —— 小さじ2

小麦粉 —— 適量
オリーブオイル —— 大さじ1/2
白ワイン —— 50mℓ

［サルサベルデ］
- オリーブオイル —— 80mℓ
- 白ワインビネガー —— 小さじ1と1/2
- バジルの葉 —— 小1袋（5g）
- ディル —— 小1袋（5g）
- レモン汁
   —— 小さじ2
- ケッパー —— 10粒
- にんにく —— 1片
- 塩 —— 小さじ1/3

下準備
- 肉だねのパン粉は牛乳にひたす。
- サルサベルデの材料を容器に入れ、ハンドブレンダーで（またはミキサーに入れて）、なめらかになるまで攪拌する（a）。

1 肉だねを作る。ボウルに合いびき肉を入れ、塩、こしょうをふって手でよく混ぜる。溶き卵、下準備したパン粉、玉ねぎのみじん切りを順に加え、そのつど手でよく練り混ぜ、肉に粘りを出す。

2 大きめに切ったラップに1をのせて包み、両端をねじって転がし、長さ20cmの筒状にする（b）。上から手で押さえて空気を抜き、底が平らのなまこ形にする。ラップをはずし、小麦粉を茶こしに入れて全体にふる。

3 別のボウルにつけ合わせの野菜の材料を入れ、さっと混ぜる。

4 厚手の鍋を中火にかけて温め、オリーブオイルを入れてなじませる。中央に2を入れ、周囲に3を入れる。野菜が入りきらない場合は、肉だねの上にちらす。

5 白ワインを回しかけ、ふたをして弱火にし、30分ほど蒸し煮にする。火を止め、ふたをしたまま10分おいて余熱で火を通す。粗熱をとり（c）、肉汁が落ち着いたら切り分け、野菜と一緒に器に盛る。サルサベルデを別の器に入れ、かけて食べる。

 (a)
 (b)
 (c)

ズッキーニのミートローフケーキ　→p.94

サーモンとかぶのマリネサラダ →p.95

ほうれん草のポタージュ →p.95

合いびき肉で

ズッキーニの
ミートローフケーキ

ミートローフにズッキーニをのせ、
トマトを一緒に焼くことで、
ソースを同時に調理できるだけでなく、
野菜の水分で肉がしっとりと焼き上がる効果も。
ひき肉をホールケーキのような形にし
ズッキーニを飾れば、
華やかでおもてなし向きの料理になります。

材料（3〜4人分）

[肉だね]
- 合いびき肉 —— 400g
- 塩 —— 小さじ1
- 卵 —— 1個
- パン粉 —— 30g
- にんにくのみじん切り —— 1片分
- こしょう —— 少々

トマト —— 大2個（400g）
ズッキーニ、黄色ズッキーニ —— 各1/2本
黒オリーブの粗みじん切り —— 5粒分
タイム —— 2枝
オリーブオイル —— 適量

1. トマトは粗く刻み、果肉30gを取り分ける。残りを黒オリーブとともにボウルに入れ、オリーブオイル大さじ1/2を加えてあえる。ズッキーニと黄色ズッキーニは5mm厚さの輪切りにする。

2. 肉だねを作る。別のボウルにひき肉と塩を入れ、手で肉に粘りが出るまで練り混ぜる。卵を割り入れ、残りの肉だねの材料と取りおいたトマトの果肉を加え、さらに練り混ぜる。オーブンを200℃に予熱する。

3. 天板にオーブンペーパーを敷いて**2**をのせ、直径18cm、高さ2cmほどの平たい円形にまとめる。肉だねの縁に沿って、ズッキーニと黄色ズッキーニを少しずつずらしながら交互に重ねる（a）。残ったズッキーニを中央に並べ、タイムの葉をしごいて香りを出してちらし、**1**のトマトを天板にのせる。オリーブオイル大さじ1を全体に回しかける（b）。

4. オーブンを180℃に下げ、**3**を入れて20分焼く。器に盛り、切り分けて食べる。

サーモンとかぶのマリネサラダ

サワークリームとサーモンがよく合う、
冬らしいごちそうサラダ。
サーモンの赤、かぶの白、ディルの緑を合わせれば、
クリスマスにも喜ばれます。

材料（2人分）

スモークサーモン —— 80g
かぶ —— 2個（150g）
塩 —— 少々
レモン汁 —— 小さじ1/2
ディル —— 少々
レモンの皮のすりおろし —— 少々

［マリネ液］
ディルのみじん切り —— 小さじ2
牛乳 —— 大さじ2
サワークリーム —— 大さじ1
マスタード
　（あればディジョンマスタード）
　—— 小さじ1
オリーブオイル —— 少々

1 かぶはスライサーなどで薄く切り、ボウルに入れる。塩をふって手で揉み込み、水けをしっかり絞る。スモークサーモンはレモン汁であえる。

2 別のボウルにマリネ液の材料を入れてよく混ぜ、かぶを加えてあえる。器にスモークサーモンを並べ、かぶをのせる。ディルとレモンの皮をちらす。

ほうれん草のポタージュ

ほうれん草は食用の重曹を加えてゆでると、
色よく仕上がります。フレッシュなバジルの香りがアクセント。
色鮮やかで香り豊かなスープができ上がります。

材料（2人分）

ほうれん草 —— 1束（200g）
じゃがいも —— 1個（100g）
玉ねぎ —— 小1/2個（80g）
にんにくのみじん切り —— 1/2片分
バター —— 大さじ1
鶏スープ（p.75参照）—— 300ml
　（または鶏ガラスープの素小さじ1/2、水300ml）
バジルの葉 —— 2〜3枚
牛乳 —— 50ml
生クリーム —— 適量
塩 —— 小さじ1/2
こしょう、ナツメグ —— 各少々

1 鍋に湯を沸かし、重曹、塩各少々（分量外）を入れ、ほうれん草を切らずに入れてさっとゆで、水けを絞る。根元を切り落としてざく切りにする。じゃがいもは薄い輪切りに、玉ねぎは縦薄切りにする。

2 鍋をきれいにし、バターを入れて中火で溶かし、にんにく、じゃがいも、玉ねぎを入れて炒める。玉ねぎが透き通ったら、鶏スープを加えて煮る。

3 じゃがいもがやわらかくなったら、ほうれん草を加えてさっと混ぜ、火を止める。ミキサーに入れ、バジルを加えてなめらかになるまで攪拌する。牛乳と生クリーム大さじ2を加えてさらに混ぜ、塩、こしょう、ナツメグを加えて調味する。ぬるい場合は、鍋に戻してさっと温めてから器に注ぐ。生クリーム適量を回しかける。

4章

自家製ひき肉で作る
ごちそう

ひき肉のウィークポイントは、
傷みやすいことと肉の部位を選べないこと。
それなら、自分でたたいてひき肉にすれば、フレッシュな状態で使えて、
レアで食べたい牛肉の焼きタルタルステーキを作ったり、
ラム肉をたたいてソーセージを作ることもできます。
自宅で上手にひき肉にするコツは、肉を半冷凍にしておくこと。
包丁でもフードプロセッサーでも切りやすくなり、パラパラのひき肉になります。
かたまり肉はもちろん、薄切り肉を使うと、より手軽に自家製ひき肉を楽しめます。
どちらを使っても食感が変わり、肉の旨味が十分感じられ、おいしく仕上がります。

牛肉の焼きタルタルステーキ

フランスの家庭料理の定番であるステーク・アシェのように、
牛肉をたたいて、つなぎを入れずに固めて焼いたステーキです。好みの焼き加減でどうぞ。
お好みでp.12の「サルシッチャ風豚ひき肉だね」のように、肉に塩を混ぜて半日寝かせてから焼くと、
ソーセージのようなプルンと弾力のあるステーキに焼き上がり、そちらもおすすめです。

材料（1人分）

牛もも（赤身）焼肉用肉
（または牛もも薄切り肉）—— 150g
塩 —— 1.5g（小さじ1/3強）
粗びき黒こしょう —— 少々
オリーブオイル —— 小さじ1

下準備
- 肉は使う前に1時間ほど冷凍室におき、半冷凍にすると切りやすい。

1 牛肉は1〜2cm幅に切り（a）、たたいて（b）、細かくする（またはフードプロセッサーを使う）。ラップをかぶせて、高さ2cm以内に丸く成形し（c）、ラップをはずして、片面に塩とこしょうを半量ずつふる。

2 フライパンにオリーブオイルを入れて強火にし、1の塩、こしょうをふった面を下にして入れる。上の面に残りの塩とこしょうをふり、1分焼いてふたをして中火にし、さらに1分焼く。フライ返しなどで上下を返し、ふたを取り、好みの焼き加減になるまで1〜2分焼く。

(a)

(b)

(c)

クレソンのサラダ

材料（2人分）

クレソン —— 1束（50g）
マッシュルーム —— 2個
オリーブオイル —— 小さじ1
塩 —— 適量
レモン —— 適量

1 クレソンはざく切り、マッシュルームは薄切りにし、ボウルに入れる。

2 オリーブオイルを回しかけ、塩をふってざっと混ぜ、器に盛ってレモンを添える。

豚肉と豚ひき肉の餃子

白菜の漬けものが入ったさっぱりとした餃子です。漬けものの効果で深い旨味が生まれます。
白菜の漬けものは翌日から使え、10日間くらいおいて深漬けにしてもそのまま食べてもおいしいです。
おく時間で白菜の風味や食感が変わるため、餃子に加えるとそれぞれ違った味わいに。

材料（25個分）

餃子の皮（直径約9cm）── 25枚
[あん]
- 豚肩ロース焼肉用肉
  （またはバラ焼肉用肉）── 100g
- 豚ひき肉 ── 100g
- 塩 ── 小さじ1/4
- 白菜の漬けもの（下記参照）── 70g
  （または白菜の粗みじん切り120g、塩小さじ1/3）
- にらのみじん切り ── 1/3束分（30g）
- 長ねぎのみじん切り ── 1/4本分（50g）
- A［おろししょうが ── 小さじ1と1/2
    白こしょう ── 少々
    酒（または紹興酒）── 大さじ1と1/2］

米油 ── 少々

[水溶き小麦粉]
- 薄力粉（または強力粉）── 小さじ1
- 水 ── 100mℓ

[つけだれ]
- 黒酢 ── 適量
- ラー油 ── 適量

白菜の漬けもの

材料（作りやすい分量）

白菜 ── 300g
塩 ── 6g

白菜はせん切りにしてボウルに入れ、塩をふって揉み込む。保存袋に入れて平らにし、バットに入れて重しをする（p.113の**6**参照）。重しをしたまま冷蔵室に1～10日間おいて漬ける。

下準備

・焼肉用肉は使う前に1時間ほど冷凍室におき、半冷凍にすると切りやすい。

1 白菜の漬けものは粗みじん切りにする（または、ボウルに白菜の粗みじん切りを入れて塩をふって揉み込み、15分ほどおく）。水けをしっかり絞る（a）。

2 焼肉用肉は1cm幅くらいに切り、ひき肉よりも少し大きい状態までたたく（またはフードプロセッサーを使う）。ボウルに入れ、豚ひき肉、塩を加えて粘りが出るまで手で練り混ぜる。Aを加えてさらに練り混ぜ、**1**、にら、長ねぎを加えてさっと混ぜる。

3 餃子の皮の中央にあんを15gずつ（小さめのスプーン1杯が目安）のせ、縁に水をつけ、ひだを寄せて包む（下記参照）。同様に全部で25個作る。

4 直径26cmほどのフライパンに米油を入れて中火にかけ、餃子をフライパンの縁に沿って丸く並べ、中央にもすき間なく並べる。少し焼き色がついたら水溶き小麦粉をフライパンの縁から回し入れる。ふたをして水けがなくなるまで焼き、好みでごま油を回しかけて、さらに1分、こんがりするまで焼く。

5 フライパンに皿をかぶせ、フライパンごとひっくり返して器に盛り、小皿につけだれを入れて添える。

餃子の包み方

1 皮の中央に具をのせ、皮の縁に水をつけ、半分に折り、中央を留める。

2 中央と右端を持ち、上の皮が開くように少し手前に曲げ、右端を留める。

3 口の開いた上の皮の左右をそれぞれ指で押さえてひだを寄せ、下の皮に密着させる。皮全体を内側に曲げる。

4 左側も同様にし、全体を三日月形にととのえる。台において底を平らにする。

豚肉と豚ひき肉の焼売(シューマイ)

焼売のあんに欠かせない
たっぷりの玉ねぎに片栗粉をまぶし、
水分が出ないようにするのがコツ。
口の中でじゅわっと広がる肉汁は、
蒸したての焼売ならではのおいしさ。
ぜひ家で作ってみてください。
干ししいたけの戻し汁は、
スープや煮ものにぜひ使ってくださいね。

材料（30個分）
焼売の皮（6.5cm四方）—— 30枚
[あん]
　豚肩ロースかたまり肉
　　（または豚バラかたまり肉や、豚薄切り肉）—— 200g
　豚ひき肉 —— 200g
　塩 —— 小さじ1
　A[干ししいたけ —— 2枚（20g）
　　 オイスターソース —— 小さじ1
　　 しょうゆ —— 小さじ1
　　 ごま油 —— 小さじ1〜2
　　 おろししょうが —— 小さじ2
　玉ねぎのみじん切り —— 1個分
　片栗粉 —— 20g
レタス —— 2枚
練りがらし —— 適量
しょうゆ —— 適量

焼売の包み方

1
親指と人さし指で輪を作り、皮1枚をのせる。あんを皮の中央にのせ、スプーンの背で押し込むようにしてならす。

2
皮の上から、両方の親指と人さし指で皮の両脇からぎゅっとくっつける。

3
台において軽く押し、底を平らにする。

下準備
・豚かたまり肉は使う前に1時間ほど冷凍室におき、半冷凍にすると切りやすい。
・干ししいたけは水200mlにひたし、冷蔵室に半日〜1日おいて戻し、粗みじん切りにする。

1 豚かたまり肉は1cm角に切り、ひき肉よりも少し大きい状態までたたく（またはフードプロセッサーを使う）。ボウルに入れ、豚ひき肉、塩を加えて、手で粘りが出るまで練り混ぜる。Aを加えて混ぜ、さらに玉ねぎに片栗粉をまぶして加え、よく混ぜる。

2 焼売の皮1枚の中央に**1**を25〜30gずつ（キッチンスケールで量るとよい）のせ、皮で包む（左記参照）。同様に全部で30個作る。

3 蒸し器にレタスを手でちぎって敷き、焼売同士がくっつかないように間をあけて並べる。一度に入りきらない場合は、数段に分ける。

4 鍋に湯を沸かし、**3**をのせて強火で10分ほど蒸す。からし、しょうゆを添え、つけて食べる。

ラグーソースのパスタ

ラグーは煮込みの意味で、イタリアではパスタソースの定番です。
煮込みに最適な牛すね肉と鶏レバーを合わせて、肉の旨味とコクを出し、
香味野菜、赤ワイン、トマトで煮込んだしっかりとした味のソースに。

作り方 → p.109

ラグーソースのラザニア

ラグーソースを使えば手間のかかるラザニアも時短に。
さらに下ゆで不要のラザニアと、ホワイトソース代わりに、カッテージチーズと
生クリームを混ぜたチーズクリームソースを合わせれば手軽でヘルシー。

作り方 → p.109

ラグーソース

材料（作りやすい分量・1200g）
牛すねかたまり肉 —— 300g
鶏レバー —— 80g
にんにくのみじん切り —— 1片分
赤唐辛子（辛みが苦手なら種を除く）—— 1本
オリーブオイル —— 大さじ2
A［セロリのみじん切り —— 1本分
　　にんじんのみじん切り —— 1本分
　　玉ねぎのみじん切り —— 1個分
塩 —— 適量
赤ワイン —— 100mℓ
トマトの水煮（粗ごしタイプ）—— 400g
ローリエ —— 1枚
こしょう —— 適量

下準備
・肉は使う前に1時間ほど冷凍室におき、半冷凍にすると切りやすい。
・鶏レバーは30分ほど水につけて血抜きをする。

保存方法と保存期間、使用法
・冷蔵保存するときは、保存容器に入れ、4〜5日間保存可能。
・冷凍保存するときは、冷凍用保存袋に入れて平らにし、割って使えるように中央で区切る。約2週間保存可能。
・使うときは、冷蔵なら軽く電子レンジで温める。調理する場合は冷えた状態で使う。冷凍なら冷蔵室に移して半日を目安に自然解凍する。急ぐときは凍ったまま調理してもよい。

1 牛肉を粗く切り、肉の形が残るように軽くたたく（a、またはフードプロセッサーで粗びきにする）。塩3g（小さじ1/2強）をふり、よく揉み込む。レバーは余分な脂や筋を除き、塩小さじ1/3をふる。

2 鍋にオリーブオイルとにんにく、赤唐辛子を入れて弱火にかけ、香りが立ったら、Aを加えて中火にし、塩小さじ1/2をふり、野菜がしんなりとしてかさが減るまで5分ほど炒める。

3 フライパンに1の牛肉を入れて強火にかけ、肉から脂と水分が出るまで触らずに焼きつける。焼き色がついたらフライ返しで上下を返し、肉をほぐす。レバーはペーパータオルで水けを拭いて加え、少しくずしながら炒める（b）。

4 肉の両面に火が通り、レバーに焼き色がついたら、赤ワインを回しかけて沸騰させ、アルコール分を飛ばし、2の鍋に汁ごと加える。トマトの水煮、ローリエ、こしょうも加え、ふたをして弱火で30分ほど煮る。

5 ふたを取り、弱火にしてさらに5〜10分煮て、ローリエを除く（c）。塩小さじ1/2を加えて混ぜ、味見をして酸味が強ければ、きび砂糖小さじ1/2（分量外）を加え、味をととのえる。

ラグーソースのパスタ

材料（2人分）
ラグーソース（p.108参照）—— 250g
スパゲッティ（1.6mm）—— 160g
塩 —— 適量
バター —— 大さじ1
パルミジャーノチーズのすりおろし —— 適量

1. 鍋にたっぷりの湯を沸かし、塩とスパゲッティを入れ、袋の表示時間よりも1分短くゆでる。ゆで汁大さじ2～3を取りおいて、ざるにあける。

2. フライパンにラグーソースと取りおいたスパゲッティのゆで汁を入れ、中火にかける。スパゲッティを加え、ソースをからめながら30秒ほど温め、バターを加えて火を止める。

3. 器に盛り、パルミジャーノチーズをふる。

ラグーソースのラザニア

材料
（8.5×11×高さ4cmのグラタン皿2個分）
ラグーソース（p.108参照）—— 200g
［チーズクリームソース］
　カッテージチーズ（裏ごしタイプ）—— 50g
　生クリーム —— 50ml
　コーンスターチ —— 小さじ1
ラザニア（下ゆで不要のもの）—— 4～6枚
ピザ用チーズ —— 50g

下準備
・ラグーソースを耐熱ボウルに入れてふんわりとラップをかけ、600Wの電子レンジで2分加熱する。

1. チーズクリームソースを作る。ボウルにカッテージチーズを入れ、少しずつ生クリームを加えて泡立て器で混ぜる。コーンスターチを加えてさらに混ぜる。

2. グラタン皿にラザニアの半量を敷き（ラザニアが容器よりも大きい場合は、サイズに合わせて折る）、ラグーソース、チーズクリームソースの各半量を順に重ねる（a）。これをもう1回くりかえす（b）。ピザ用チーズをちらし、30分ほどおく（ラザニアがソースの水分を吸ってやわらかくなる）。オーブンを180℃に予熱する。

3. 180℃のオーブンで20分焼く。

(a)

(b)

パテ・ド・カンパーニュ

パテ・ド・カンパーニュは
粗びきの豚肉やレバーを型に詰めて焼いた
フランスの伝統料理です。
ブランデーやドライフルーツの香りと甘みを加え、飽きずに食べられる味に。
焼いた後に重しをし、冷蔵室で寝かせることで
濃密でまったりとした味わいに変化します。

作り方→p.112

パテ・ド・カンパーニュ

材料（18×7×高さ6.5cmのパウンド型1台分）
豚バラかたまり肉 —— 200g
豚ひき肉 —— 200g
鶏レバー —— 100g
玉ねぎのみじん切り —— 20g
マッシュルームのみじん切り —— 30g
バター —— 10g
塩 —— ひとつまみ
干しいちじく —— 40g
ブランデー —— 大さじ1と1/2
ピスタチオ（殻をはずしたもの）の半割り
　—— 6〜8粒
A ┌ 塩 —— 大さじ1/2（7g）
　│ こしょう —— 少々
　└ ナツメグ —— 少々
B ┌ 牛乳 —— 50mℓ
　│ パン粉 —— 20g
　└ 溶き卵 —— 1個分

下準備
・豚バラかたまり肉は使う前に1時間ほど冷凍室におき、半冷凍にすると切りやすい。
・鶏レバーは水に30分ほどつけて血抜きをする。
・干しいちじくは3〜4等分に切って容器に入れ、ブランデーをかける。
・型にオーブンペーパーを敷く（下記参照）。
・型に水を入れてみて、もれるようなら、外側から底をアルミホイルで覆う。
・型より大きく、やや深めのバットにペーパータオルを敷く。

型にオーブンペーパーを敷く方法

1 型をオーブンペーパーにのせ、側面の高さに合わせてペーパーを切る。型に沿って側面と底の角に折り筋をしっかりつける。

2 型を外し、底の幅に合わせてオーブンペーパーを三つ折りにする。折り筋に合わせて4カ所切り込みを入れる。

3 型に入れて底と側面にペーパーを沿わせ、切り込みを入れた手前と奥の中央のペーパーを底のほうに倒す。その左右のペーパーを重ね合わせ、倒しておいた中央のペーパーを起こす。

1 フライパンにバターを入れて中火にかけ、玉ねぎとマッシュルーム、塩を入れ、しんなりするまで炒める。平皿などに取り出し、広げて冷ます。

2 豚バラかたまり肉は1cm幅に切り、ひき肉より少し大きい状態までたたき（またはフードプロセッサーを使う）、ボウルに入れる。レバーは包丁で余分な脂や筋を除く。フードプロセッサーでピューレ状にしてボウルに加える。

3 豚ひき肉、Aを加えて手でよく練り混ぜる（a）。Bとピスタチオ、干しいちじくを汁ごと加えてさらに練り混ぜる。1を加えてさらに混ぜる。オーブンを170℃に予熱する。

4 3の肉だねを4等分し、両手で軽くキャッチボールをして空気を抜いて丸める。下準備した型に入れ、空気が入らないように押しつけながら詰める。オーブンペーパーを型の上面より少し大きく切り、上面にのせて手で平らにしてはずす。

5 下準備したバットに4をのせ、バットに熱湯を注ぎ（b）、170℃のオーブンで60分湯せん焼きにする。生地の中心に金串を刺して、何もついてこなかったら、型を取り出す（ついてきたら、さらに2～3分湯せん焼きにする）。

6 型にオーブンペーパーを大きめに切ってのせ、水を入れたペットボトルや、同じサイズの型にタルトストーンを入れたものを重しにしてのせ、冷ます（c）。

7 しっかり冷めたら重しをしたままラップをかぶせ、冷蔵室で一晩冷やす。オーブンペーパーごと型から取り出し、好みの厚さに切って器に盛り、好みでマスタードやピクルス、バゲットを添える。

※食べごろは2～3日目だが、冷蔵で4～5日間保存可能。

ラム肉のトルコ風ソーセージ

トルコをイメージしたラム肉のソーセージです。
ミントやパクチー、ディルなど、ラムの独特の香りと相性のよいハーブを添えて、
ヨーグルトソースに加えたり、葉もの野菜と一緒に巻いて食べるのもおすすめです。

材料（約4cm長さのソーセージ16個分）

［皮なしソーセージ］
- ラム薄切り肉 —— 250g
- A
  - クミンパウダー —— 小さじ1/3
  - 塩 —— 小さじ1/2
  - ガラムマサラ —— 小さじ1/3
- 玉ねぎのすりおろし —— 1/4個分
- おろしにんにく —— 小さじ1/2
- 青唐辛子のみじん切り —— 1本分
  （または粉唐辛子小さじ1/4）

［ヨーグルトソース］
- パクチーの粗みじん切り —— 大さじ1
- スペアミントの葉の粗みじん切り —— 大さじ1
- レモン汁 —— 小さじ2
- プレーンヨーグルト —— 大さじ2
- クミンパウダー —— 少々

紫玉ねぎ —— 適量
トマト —— 適量
リーフレタス —— 5〜6枚
スペアミント（またはディル）—— 適量
しそ風味ふりかけ —— 少々

下準備
- 肉は使う前に1時間ほど冷凍室におき、半冷凍にすると切りやすい。

1 ラム肉は1cm幅に切り、ひき肉くらいの細かさにたたく（またはフードプロセッサーを使う）。ボウルに入れ、**A**を加えて粘りが出るまで手で練り混ぜる。玉ねぎ、にんにく、青唐辛子、好みでパセリのみじん切りを加え、さらに混ぜる。冷蔵室に30分ほどおいて休ませる。

2 1を冷蔵室から取り出し、ラップに1/4量ずつのせて包む。16cm長さを目安に転がして細長くし、ラップの両端をねじり、さらに4等分してねじり、空気を抜く。同様に全部で16個作る。

3 フライパンを中火で熱し、2をラップを外して入れ、焼き色がついたら、転がしながら、中に火が通るまで7〜8分焼いて器に盛る。

4 ヨーグルトソースの材料を容器に入れて、よく混ぜる。紫玉ねぎは薄切りにして、しそ風味ふりかけをふってあえる。トマトは1cm厚さの半月切りにする。

5 3の器にリーフレタス、紫玉ねぎ、トマト、ミントを盛り、ヨーグルトソースを添える。リーフレタスにソーセージと野菜をのせ、ヨーグルトソースをかけ、包んで食べる。

しそ風味ふりかけ
トルコ料理に欠かせない香辛料のスマックは、日本のしそ風味ふりかけで代用できる。さわやかな香りと酸味で本場っぽい味わいに。

ガラムマサラ
数種のハーブやスパイスがミックスされているから、これだけで香りや味が豊かに。カレーだけでなく、肉料理にもおすすめ。

ルーローハン →p.118

大根の漬けもの →p.119

あさりのスープ →p.119

ルーローハン

台湾で人気の屋台ご飯で、
もともとは豚のかたまり肉の煮汁と
脂身の多いくず肉を煮込み、
ご飯にかけた料理です。八角を加えるだけで、
甘くて独特の香りが口に広がり、
台湾料理らしい味に。

材料（2〜3人分）
豚バラかたまり肉 —— 300g
半熟卵（下記参照）—— 2〜3個
長ねぎ —— 1本
にんにくの薄切り —— 1/2片分
［煮汁］
　紹興酒（または酒）—— 大さじ2と1/2
　しょうゆ —— 大さじ2
　オイスターソース —— 大さじ1と1/2
　きび砂糖 —— 小さじ1と1/2
　八角 —— 1個
　　（または五香粉小さじ1/4）
　水 —— 300ml
米油 —— 少々
温かいご飯 —— 300〜450g

下準備
・肉は使う前に1時間ほど冷凍室におき、半冷凍にすると切りやすい。

〈**半熟卵の作り方**〉
卵は室温に戻す。フライパンに卵、水を2cmほど入れてふたをして中火にかける。5分ゆでて火を止め、そのまま4分おいて冷まし、水にとって殻をむく。

1 長ねぎは斜め薄切りにする。豚肉を1cm幅に切り（a）、さらにひき肉より少し大きい状態までたたく（b、またはフードプロセッサーを使う）。

2 フライパンに米油を入れて中火にかけ、**1**の豚肉とにんにくを入れ、フライ返しで押しつけながら焼く。肉から脂と水分が出て、焼き色がついたら上下を返し、こんがりと焼き色がついたら、大きめにほぐす。

3 長ねぎ、煮汁を加え、煮立ったらアクを除いて弱めの中火にし、10分ほど煮る。半熟卵を加え、中火にして転がしながら、さらに1〜2分煮る。

4 器にご飯を盛り、半熟卵以外の**3**をかけ、半熟卵を半分に切ってのせる。好みでパクチーのざく切りをちらす。

(a)

(b)

あさりのスープ

台湾でははまぐりを使いますが、
同様に旨味のあるあさりでアレンジ。
ルーローハンのこってりとした味を、
さっぱりとさせてくれる
相性のよいスープです。

材料（2人分）

あさり —— 150g
レタス —— 1/4個
酒 —— 大さじ2
しょうゆ（またはナンプラー）—— 小さじ1/4
塩 —— 小さじ1/4
しょうがのせん切り —— 1/3かけ分

下準備

・水200mlに塩小さじ1（分量外）を溶かし、あさりを入れ、冷暗所に1時間ほどおいて砂抜きをする。

1 レタスは食べやすい大きさに手でちぎる。

2 鍋にあさりと酒、水大さじ2を入れ、ふたをして中火にかける。あさりの口が開いたら、水400ml、しょうゆ、塩、しょうがを加えてひと煮立ちさせ、1を加えてさっと煮る。

大根の漬けもの

台湾の食堂で、箸休めに出てくる
大根の漬けものをイメージしました。
大根を軽く干しておくと、
たくあんのような食感になり、
味がぐんと入りやすくなります。

材料（作りやすい分量）

大根 —— 250g
にんにくの薄切り —— 1/2片分
花椒（すり鉢で軽くすり潰したもの）—— 小さじ1
赤唐辛子（種を除いたもの）—— 1本
ごま油 —— 小さじ1
A ┌ しょうゆ —— 50ml
　│ 紹興酒（または酒）—— 大さじ2
　└ きび砂糖 —— 大さじ1と1/2

下準備

・大根は皮をむき、1cm角に切り、ざるに広げて半日干す（天日干し、または室内干しや冷蔵室に入れてもよい）。

1 鍋にごま油を入れ、にんにく、花椒、赤唐辛子を入れて弱火にかけ、香りが立ったらAを加える。

2 ひと煮立ちしたら火を止め、大根を加えてそのまま冷めるまでおき、味を含ませる。

※保存容器に汁ごと入れ、冷蔵で2週間保存可能。

若山 曜子
わかやま ようこ

料理研究家。東京外国語大学フランス語学科卒業後、パリへ留学。ル・コルドン・ブルーパリ、エコール・フェランディを経て、パティシエ、グラシエ、ショコラティエ、コンフィズールのフランス国家資格（CAP）を取得。パリのパティスリーやレストランで研鑽を積み、帰国。現在はオンラインレッスンのほか、書籍や雑誌、企業へのレシピ提供などで幅広く活躍。作りやすいレシピに定評がある。主な著書に『お弁当サンド』『ひとつの生地で気軽に作る フランス仕込みのキッシュとタルト』『ふわふわ生地とパリッと生地の2つで始める おうちパンはこれでいい』（すべて小社刊）がある。

Instagram：@yoochanpetite

丸めて、ほぐして、おいしさ広がる
ひき肉のごちそう

2024年12月24日　初版発行

著者　若山 曜子
発行者　山下 直久
発行　株式会社KADOKAWA
　　　〒102-8177　東京都千代田区富士見2-13-3
　　　電話0570-002-301（ナビダイヤル）

印刷所　TOPPANクロレ株式会社
製本所　TOPPANクロレ株式会社

本書の無断複製（コピー、スキャン、デジタル化等）並びに無断複製物の譲渡および配信は、著作権法上での例外を除き禁じられています。また、本書を代行業者等の第三者に依頼して複製する行為は、たとえ個人や家庭内での利用であっても一切認められておりません。

●お問い合わせ
https://www.kadokawa.co.jp/（「お問い合わせ」へお進みください）
※内容によっては、お答えできない場合があります。
※サポートは日本国内のみとさせていただきます。
※Japanese text only

定価はカバーに表示してあります。

©Yoko Wakayama 2024 Printed in Japan
ISBN 978-4-04-897821-7 C0077